カリスマ案内人が教える48の歩き方

おひとりからのひみつの京都

柏井壽

京都 再去幾次都可以！

前言

我是從平成十四年，也就是西元二〇〇二年開始寫所謂的京都書，已經是將近二十年前的事了，當時寫的主題是「京料理」，不過以前大眾對京都飲食的認知還沒有現在那麼普遍。後來我又出了幾本與京都相關的書，得到最大迴響的是平成二十一年（二〇〇九）出版的《一個人樂遊京都（おひとり京都の愉しみ，光文社）》。

當時正掀起一波國旅熱，一個人旅行也開始受到歡迎，可能是時機正好吧。不知道以前是不是因為很多人都有什麼疑慮，於是不太敢獨遊京都，不過在這個時期之後，已經有很多人在實踐一個人的京都之旅了。不單是一個人旅行，選擇京都當旅遊地點的人數與日俱增，再加上訪日觀光的興盛，使得京都陷入了飽和狀態，就在這個時候，發生了意料之外的事件：新型冠狀病毒的蔓延。

我下筆的現在還沒有公布令和二年（二〇二〇）的數據，不過觀光客人數想必是驟減吧。京都原本被認為已經超限旅遊（overtourism）了，現在街上卻很不真實地回歸一片寧靜。雖然我們都完全無法預料未來會有什麼變化，不過我認為找回平靜的京都，就某個意義上來說，是回歸了原始的樣貌。

以前大排長龍到令人厭煩的隊伍，現在幾乎都消聲匿跡了，以前一位難求的店家，現在也能輕鬆訂位了。最慶幸的是，寺廟神社等觀光景點都很冷清，就連「伏見稻荷大社」平常總是摩肩接踵的千本鳥居，都找得到沒有人的時間去攝影。

這就是真正的京都。我們可以好整以暇地欣賞庭園，可以仰望佛像，而且不會有人催促你，在這樣的情況，我才說得出「歡迎來京都玩」。

我是在十二年前的牛年推薦了「一個人樂遊京都」這個玩法，京都在這段期間雖然人滿為患，但剛好在過了一輪十二年後，又回到原點了。這樣講可能太過火了，不過在做好萬全的防疫準備這個大前提下，現在是盡情遊玩京都的絕佳好機會。

我帶著這樣五味雜陳的心情，將此刻限定的樂遊京都大全彙整成這一本書。

疫情期間盡量避免群聚，如果可以最好就一個人靜靜地遊玩。如果覺得還不是出遊的時候，來場文字之旅也別有一番樂趣。相信這本書能帶各位的想像力一起遊玩京都。如果真的要來一趟京都之旅，就讓這一趟成為祈求疫情盡快平息的旅程吧，因為面臨過多次疫情和災情的京都，一路都是靠祈福克服了重重難關。

話不多說，歡迎來到京都。

目次

・本書出現的店家、神社佛寺、名勝一覽的營業時間、參拜時間、公休日可能會有異動。

第一章

重新 觀 看 京 都

經過兩年沒有大量觀光客湧入的京都，到底是什麼樣貌呢？
我的個人愛好散步路線又是哪些地方呢？
如果你也想體驗看看不一樣的京都，
不妨和我一起探遊，京都的秘密。

1 在京都散步，看地圖是一種樂趣

京都是個行走的城市，因為在步行的過程中可以發現非常多樂趣。以小路、小巷子這些地方來說，不要說汽車了，就連腳踏車都很難進入，可是這些小地方卻藏有悠久的歷史在其中，京都就是這樣的城市。

以前我都推薦騎腳踏車，不過有些地方像四條通一樣，步道和車道都禁止腳踏車通行，違停的腳踏車也常常被拖吊，又很難找到停車位，因此最好還是不要以腳踏車探訪京都。步行還是最好的選擇，市中心的交通網絡很發達，有公車也有地下鐵，要是走累或是下雨了，改搭交通工具就好。

在京都市區散步，首先需要地圖。最近用手機或平板電腦看地圖的人比用紙本地圖的更多，我也常看到邊走邊看平板電腦的低頭族，這樣做有時候滿危險的，希望各位避免。東大路、北大路、西大路和九條這四條大路圍出了所謂京都市區的範圍，市區的街道如棋盤格般整齊方正，因此不會走偏太遠而找不到路。

行走於京都最重要的是方位和路名，地址這種資訊反而幾乎沒有任何幫助。舉例來說，如果你要去京都最高檔的日式旅館T，你問路人「中京區中白山町二百七十八番地」在哪裡，恐怕沒有任何人知道，就連生於京都將近七十年的我都一頭霧水，我想計程車司機也不例外。但是如果改說是「麩屋町通、姉小路之上（上る）」，別說是計程車司機，就連京都當地的小學生應該都會告訴你要怎麼走。

日本雖大，路名這麼深入人心、這麼有用的地方，除了京都可能就別無他想了吧。最具代表性的是用來記頌路名的童謠〈丸竹夷〉。

「丸竹夷二押御池／姉三六角蛸錦／四綾佛高松萬五條」

所有住在京都的小孩都在懂事之後就會哼這首歌了，除了父母會教，朋友相處中也會自然記住。這首歌由北到南依序數出了貫穿京都市區的東西向道路，從丸太町通開始，接著是竹屋町通、夷川通和二條通，最後是五條通。不過這一段只是小孩最低限度需要知道的中心部路名，這首歌原本還有後面的一段。

「雪駄嚓嚓魚之棚／過了六條三哲通／越過七條是八九條／止於十條東寺」

雪駄屋町通、鍵屋町通、魚棚通，最後止於東寺道，不過就連京都人，能唱出後半段的應該都很少。要長住京都就另當別論，不過行走於京都的旅客只要記得丸太町到五條左右就綽綽有餘了，請各位一定要記得〈丸竹夷〉。

除此之外，還有一首記頌南北向道路的歌，但是很不普及，幾乎也沒有京都人會唱。

「寺御幸／麩屋富柳／堺高間／東車屋町」

這一段不但很難配曲，也沒辦法唱輕重音，難怪沒辦法普及。不普及還有一個原因，就是記南北向路名的必要性小於東西向的道路，市中心的東西幅度並不大，而且只要抬頭看東山和西山，大概就能推測所在位置，即便沒有逐一記住路名，也無礙於在京都的散步，因此南北向路名的歌才會不普及。

除了路名，行走於京都還有幾個詞能派上用場。這些用詞只有四個：上、下、東入、西入。京都南北的高低差很大，因此北行稱為「上」，南行稱為「下」，東西則是用「入」這個詞。舉例來說，京都代表性的百貨公司「大丸」是「四條烏丸東入」，這樣就能鎖定位置了，是最為簡潔易懂的標記法。

幾丁目幾番地這種地址不但不用記，而且也幾乎沒有人這樣講。只要記得南北和東西向的路名，記住上、下、東入、西入的用法，應該就能在京都市區通行無阻了。這都是因為京都市還留有里坊制的痕跡，道路規劃如棋盤格一般。

在京都不容易迷路還有一個原因，就是高樓大廈很少。沒有山的是南方，比叡山在東方，只要記住這些原則就知道怎麼辨別方位。

京都不是「尋覓」的城市，而是「發現」的城市，不妨到陌生的地方遊蕩，拐進小路或小巷子裡看看，你一定會有意想不到的發現，也會有美好的機緣在等著你。

2 隨意搭上一台公車，驚喜不斷出現

與東京、大阪和名古屋這些大都會相比，京都真的是很小的城市。京都市的地圖上，可以清楚看到京都的東、北和西方三面環山。位於盆地中央的小城市，只有南北向的烏丸線和東西向的東西線這兩條縱橫向的地下鐵路線，除此之外，還有叡山電鐵和嵐電可以連通到郊外，不過這兩條線並不是很長。

如此一來，在市區移動勢必要搭乘市區公車。

我不太清楚其他城市的情況，不過在京都，只要能善用市區公車，就能在市區穿梭自如，公車是京都觀光的得力幫手。

搭乘公車可以用 Suica 等交通ＩＣ卡付費，不過還有一些優惠票券可以購入，建議事前查好符合你需求的票券，可以搭得更有智慧。

如果在京都停留不只一天而是好幾天，或者如果會常常來訪京都，「兜風京都乘車卡（traffica Kyoto card）[1]」應該會是方便又優惠的選擇。我在京都市移動的時候也是用「兜風京都乘車卡」，這張卡沒有使用期限，公車或地下鐵的轉乘還能享有折扣，是我的移動好夥伴。

使用的當天轉乘公車和地下鐵，可以省一百二十日圓，搭乘公車九十分鐘內轉乘公車一樣可以省一百二十日圓。雖然交通ＩＣ卡也適用這個轉乘優惠，不過兜風京都乘車卡可以用九折優惠購買，因此整體來說更划算。所謂九折指的是買千元卡送一百日圓，買三千元卡送三百日圓。

我以前都會推薦用這張折扣票卡在市區搭公車代步，不過在訪日觀光的全盛時期，乘客實在太多，多到因客滿而過站不停已經成為一種常態，近年我也不會這樣推薦了，如今海外遊客驟減，現在使用應該不成問題了。

接下來就看看要搭什麼路線的市營公車吧。

其實市面上的旅遊書已經詳盡介紹過搭乘的訣竅，而且只要詢問交通局的服務處就會有人仔細說明了，不過可以先有一個粗淺的概念：搭二百號開頭的循環路線在京都市觀光滿方便的。

註 1：京都市交通局已於二〇二一年公布，「兜風京都乘車卡」只販售到二〇二一年九月三十日，使用期限到二〇二三年三月三十一日。

名為「京都市電」的路面電車以前曾在京都市區穿梭，電車緩緩在主要道路的正中間前進，換起車來也很方便，在我印象中感覺只要有市電，哪裡都去得了。畢竟在一九六〇年代中期，就已經鋪了總長超過七十公里的電車路網。

一九七八年，昭和五十三年，京都市電全線廢除，我真的覺得相當惋惜。

我出生於河原町荒神口，常常搭乘五號電車，如果要去遠一點的地方，就會搭六號電車。也許是對於京都市電敵不過電動化風潮而廢止於心不忍吧，原本是個位數的市電加了兩百號後，使用這個號碼的公車依然行駛相同的路線。

二〇五路的市營公車主要循環行駛於堪稱京都市幹線的河原町通、北大路通、西大路通和七條通，以JR京都站為起點來看，公車有順時針和逆時針兩個方向，想要去什麼地方，就選擇適合的方向搭乘。

搭二〇五路公車可以造訪很多觀光景點，包括「涉成園」、「京都御苑」、「下鴨神社」、「大德寺」、「今宮神社」、「船岡山」、「金閣寺」、「平野神社」、「北野天滿宮」和「京都水族館」，光是主要的景點就已經這麼多了。

把二〇五路的循環圈稍微東移一些，就是二〇六路行駛的路線，兩班公車在南和北方幾乎是走同樣的路線，不過二〇六路東側走東大路通，西側走千本通，想要四處遊覽的話，這個路線一樣方便。

這裡也列舉一些搭二〇六路公車可以抵達的觀光景點：「國立博物館」、「三十三間堂」、「清水寺」、「安井金毘羅宮」、「八坂神社」、「知恩院」、「平安神宮」、「熊野神社」和「知恩寺」等等。

前面列舉的都只是九牛一毛，二百號開頭的公車之中，二〇四、二〇七、二〇八是在京都市區循環，而一到九十三路則是如網格般密密麻麻遍布整個市區。

你可以先決定目的地，再選擇適合的公車，不過如果要搭循環公車，也推薦你興之所至，在公車站看到公車來就上車。不知道目的地的旅程應該會滿刺激的吧？光是搭乘京都市營公車就有這麼多樂趣了，不善加利用就太可惜了。

3 留宿洛北花脊「美山莊」，體驗遠一點的京都

來訪京都時要住在哪裡？這是個大哉問呢，近年飯店不斷展店，因此住宿的選項很多，不過應該有不少人會覺得難得來到京都了，想住在日式旅館裡吧。這樣的話，我想推薦一間遠離塵囂的鄉野旅館。

想要自駕的人，建議先在京都站租車，然後沿路悠哉地兜風，前往洛北[2]的花脊之鄉。或者也可以揮霍一下搭計程車過去，公車班次雖然少，不過慢條斯理搭公車過去也不賴。

如果在京都市區觀光到午後，你可以搭乘地下鐵烏丸線，在下午兩點半左右前抵達北大路站，然後就能搭十四時五十八分從北大路站發車、開往「廣河原」的三十二路京都公車，這輛車一天只有來回四班，千萬小心不要錯過了。

在蜿蜒的山路上行駛，大概需要一小時二十分鐘，約傍晚四點半抵達「大悲山

註2：平安時代建都平安京時會以「洛陽」稱呼京都，如今「洛」依然用來代稱京都，「洛北」代表京都北部，洛東、洛西、洛南也都是大致的方位概念。

口」，館方會有人來迎接，去之前一定要先訂房。

沿著寺谷川旁的小路行駛五分鐘，就會抵達目的地「美山莊」的大門口。感覺好像來到一個很遙遠的地方，但其實這裡依然是京都市。美山莊的地址是「京都市左京區花脊原地町」，不是村，是不折不扣的京都市一町。

從各種意義上來說，這也證明京都是很耐人尋味的，棋盤格般的市區是京都，修驗道之地[3]的美脊也是京都。只要踏進旅館一步就能感覺到，旅館雖然位於鄉野，每個角落卻都散發出優美高雅的氣息，讓人一窺京都的典雅。

美山莊後方的古剎「峰定寺」是十二世紀開創的修驗道山寺，美山莊從以前就是這間古剎的住宿地，也難怪會讓人感覺到一股凜然正氣。

為什麼我們會受到京都的吸引呢？答案也許就藏在這間旅館裡吧，我每次造訪美山莊都會這樣想。

鄉野與高雅乍看之下是完全相反的概念，在這裡卻合而為一了。雖說美山莊的雅與京都當然是大異其趣，不過位在偏僻山區的美山莊沒有野鄙之氣，整體都透露出素樸而高雅的韻味。

註3：日本宗派，在山林中苦行的一種山岳信仰，同時也受到佛教的影響。

儘管美山莊一點都不金碧輝煌，日用品和擺設卻很精美，在細節上毫不手軟。

美山莊的母屋和離屋建在通往「峰定寺」參道的兩側，我住的是離屋。離屋不是時下流行的那種特別寬敞、設備也很厲害的旅館，但是很適合用「脫俗」來形容，是小巧精緻的客房。客房設有洗手間，沒有澡堂，需要去寺谷川旁輪流使用的獨立澡堂。房客可以在沒人的時間去泡澡，泡的感覺真的是無比舒服。澡堂用的當然不是什麼溫泉水，不過一泡進能讓人暖到骨子裡的熱水，就像是置身在清水之中，相當放鬆。

美山莊的母屋叫「山之棟」，離屋叫「川之棟」，會叫川之棟是因為離屋的客房與澡堂間一樣，可以就近看到寺谷川的川流。在深山之中，潺潺溪流聲會在耳邊迴盪，是聽覺上的享受。其餘會聽到的聲響就只有山鳥的鳴叫聲，沒有任何多餘的雜音會傳入耳中，這樣的環境就足以讓人靜下心來了。

我最喜歡的是名為「山椒」的客房，從房內吉野窗[4]眺望的溪流，堪稱是獨一無二的美景。編織型天花板讓人聯想到小間[5]茶室，房中彷彿流動著浩然正氣，凜冽的氣氛不負「山椒」之名。

用餐需要前往「山之棟」，到了用餐時間，房客會穿著木屐踏上石板路，發出喀

註 4：整面牆大的圓窗。
註 5：兩坪以下的茶室稱為「小間」，兩坪以上稱為「廣間」。

喀的聲音。

寬敞的廣間和下凹型的吧台座都很有魅力，讓人猶豫不決。無論選哪個座位，上桌的餐點都是美山莊限定的「摘草料理」，摘草料理是上一代老闆構思的料理，滿足了全日本，不，是全世界饕客的味蕾。

「摘草」指的是老闆親自採摘旅館周遭的野生植物烹煮，將食材的美味發揮到極限，因此滋味相當豐富，用「風土（terroir）」的概念去形容都嫌太隨便，我每次吃都會情不自禁感嘆「唉呀，活著真好」。

原始的大自然與人為帶來的韻味，兩者巧妙調和，成為這間旅館的精髓。遠離市區，品嚐當地限定的味道，然後枕溪而眠，「美山莊」就是京都的桃花源。

美山莊
京都市左京区花脊原地町375
075－746－0231

從「山椒」房的吉野窗眺望獨一無二的溪流美景

4 妙見是誰？重新認識京都的神社

你知道「妙見」是什麼嗎？可能有不少人會納悶「妙見」是何方神聖吧，雖然好像有點耳熟，但是既沒看過，也不知道有什麼相關傳說。大部分人都是如此，我也不例外。

緊鄰京都的大阪府有一座妙見山，這是個知名的紅葉景點，不少人會避開人潮洶湧的京都，前往妙見山賞紅葉。我隱約也知道妙見山是妙見信仰的聖地，不過京都是許多信仰的聖地，所以我一直以為不需要專程去一趟。

然而我後來在網拍上買了木製的妙見雕像，如今還會時時拜妙見像，可見機緣真的是一言難盡的東西。這其中的轉機是發生在「下鴨神社」境內「糺之森」舉辦的夏日古書市集。當時平成年告終，元號即將改為令和，我在逛一排排的古書店時，看到了一個老舊的小冊子。

八折頁的小冊子大概寬五公分、長十公分，是一個手掌的大小，因此應該是巡禮參拜時隨身攜帶用的。封面上寫著書法字「二十一間妙見宮巡拜記」，處處都有破損，可是一打開，就會看到與妙見菩薩有很深淵源的二十一間京都寺廟。

小冊子上寫發行於天保十五年，列舉的寺廟中有些我很熟悉，有些我從沒聽過，換算成西元是一八四四年，因此是一百七十年前的東西了。在這段期間裡，京都已經改頭換面了。

雖然小冊子要價不斐，不過我馬上決定買回家，在做了許多功課後，發現自古以來京都和日本各地都有妙見巡禮的習俗，妙見菩薩其實一直都在我們身邊。尤其從江戶時期(一六一五～一八六八)中葉開始，京都就很盛行「洛陽十二地支妙見巡禮」了，這個中斷許久的習俗在前幾年起死回生，成為京都觀光的私房行程，漸漸吸引了更多人。

先回到開頭的問題吧。妙見到底是何方神聖呢？正確來說應該叫妙見大菩薩，是北極星或北斗七星神格化後的菩薩。據說北極星和北斗七星是萬星之王，因此妙見菩薩主宰並管理廣袤宇宙的一切命數。怎麼樣？聽起來滿厲害的吧，畢竟祂主宰的是全宇宙，所以可以說是天下無敵了。

京都的寺廟與神社多到數不清，參拜的時候如果找到一個主題會更有方向，依個人興趣或嗜好做篩選是一個方法，比方說喜歡幕末歷史的人，可以依序參拜幕末志士相關的神社寺廟。或者可以選擇看得見的東西，以適不適合拍照當作篩選的標準也不錯，用現在的語言來說就是「網美景點」吧。

又或者狛犬之類的怎麼樣呢？坐鎮在山門或鳥居前方兩側的動物名為狛犬，這兩兩一對的神獸大多是一隻張口一隻閉口的獅子，除此之外也可能是其他各種動物，最廣為人知的就是狐狸。來到「伏見稻荷大社」會看到很多「狛狐」，而且每隻狛狐都不盡相同，觀察每隻狛狐的神情與表情有什麼不同也滿有趣的。

還有很多地方是以其他獨特的動物代替狛犬，不過我們先回到妙見巡禮好了。我推薦「洛陽十二地支妙見巡禮」最大的理由，是因為這十二間寺廟可以對應到干支。干支本來就與方位相對應，除了參拜自己生肖的方位，如果依照心儀對象、重視對象的生肖選擇參拜的寺廟，想必也會得到庇佑吧。又或者，從子到亥依序參拜十二地支的妙見菩薩，搞不好能心想事成。每一處的妙見菩薩都備有御朱印，蒐集這些御朱印也是一種樂趣呢。

「洛陽十二地支妙見」指的就是下列這十二間寺廟。

子	北	善行院	京都市上京區
寅	東北東	道入寺	京都市左京區
辰	東南東	滿願寺	京都市左京區
午	南	本教寺	京都市伏見區
申	西南西	慈雲寺	京都市下京區
戌	西北西	三寶寺	京都市右京區
丑	北北東	本滿寺	京都市上京區
卯	東	靈鑑寺	京都市左京區
巳	南南東	日體寺	京都市東山區
未	南南西	法華寺	京都市下京區
酉	西	常寂光寺	京都市右京區
亥	北北西	圓成寺	京都市北區

善行院
京都市上京区妙顕寺前町514
075－451－4182

本滿寺
京都市上京区寺町通今出川上る2丁鶴山町16
075－231－4784

道入寺
京都市左京区修学院
茶屋ノ前町2
０７５－７８１－４８８６

満願寺
京都市左京区岡崎
法勝寺町１３０
０７５－７７１－４８７４

本教寺
京都市伏見区東大手町７７８
０７５－６０１－２２３７

慈雲寺
京都市下京区藪之内町６２７
松原町五条下ル
０７５－３４１－７７７２

三寶寺
京都市右京区鳴滝松本町32
０７５－４６２－６５４０
www.sanbouji-kyoto.or.jp

靈鑑寺
京都市左京区鹿ケ谷
御所ノ段町12
０７５－７７１－４０４０

日體寺
京都市東山区清水四丁目１５１
０７５－５６１－１２４８

法華寺
京都市下京区西新屋敷
中之町１０８
０７５－３６１－０７８３

常寂光寺
京都市右京区嵯峨
小倉山小倉町３
０７５－８６１－０４３５

圓成寺
京都市北区鷹峯北鷹峯町24
０７５－４９１－１４９６

5 體驗喫茶店文化的首選「六曜社珈琲店」

從平成進入令和年後，突然掀起了咖啡風潮。日常飲用的咖啡竟然也會掀起風潮，我自己也有點意外，不過不久前才有一波日本茶風潮，仔細想想或許沒什麼好大驚小怪的。

這種普通的東西突然形成風潮後，就會有很多人想要精益求精，從咖啡豆的種類、烘豆法到萃取法都有很多變化，每一家都在比誰更講究，「講究」這個詞就開始在大街小巷不絕於耳了。

「講究」兩個字似乎能把人提升到某種哲學的高度，但我就直言不諱了，這個詞其實會使人自我耽溺。我覺得紅極一時的蕎麥風潮就是典型的例子，從蕎麥粉的產地和磨法到煮法、切法、沾醬味道甚至吃法都可以計較，有蕎麥通之稱的人都在提倡自己的「講究」，認為蕎麥一定要有某一種樣子。

最近的咖啡風潮也漸漸有類似的現象。

京都市區有一群叫「barista（咖啡師）」的人開始受到了注目。barista是義大利文，指的是在bar裡，也就是在日本的酒吧咖啡廳工作的人，狹義上是指使用義式咖啡機沖義式咖啡或卡布奇諾的專家。不過日本除了義式咖啡還有很多種咖啡，因此不知不覺間，所有沖咖啡的人都變成了所謂的barista。

而日本的咖啡師不同於發源地義大利，他們大多是板著一張臉在沖咖啡，在做滴漏式咖啡或虹吸咖啡時，他們可能都還在思考哲學問題吧。他們面對的客人也像蕎麥風潮那個時期一樣，希望能窮究咖啡的學問。

相較之下，京都從以前就有很多店，他們讓客人享受的與其說是咖啡本身，不如說是店家的氣氛，這些店大多會取名為「珈琲店」。

代表性的例子就是「六曜社珈琲店」，從堪稱京都第一鬧區的河原町三條往南走，就會看到開在河原町通上的這間店。三條到四條這一段的河原町通是加裝天頂的商店街，六曜社的店面卻很不起眼，一個不小心可能就會走過頭。

「六曜社珈琲店」於一九五〇年創業，也就是從我出生兩年前就存在了，而我是從大學開始頻繁來報到，當時「六曜社」已經開二十年左右了。

這一帶大約五十年前有很多家喫茶店，相較之下「六曜社珈琲」店算是別有特色的一間。當時的京都有幾間文化氣息濃厚的另類喫茶店特別突出，如「築地」和「再會」，而「六曜社珈琲店」也有一點這樣的味道，卻又保有隨處可見的路邊喫茶店氛圍。

我前面引用現在的咖啡與之前的蕎麥為例，談到飲食風潮的問題，是想說太執著講究很容易讓人倦膩。這可能造成一種反效果，就是原本來消費只是想得到一些慰藉，結果卻感到更疲勞，不過如果是恰到好處的店家，就隨時都能給我們慰藉，「六曜社珈琲店」正是代表之一。

「六曜社」創業至今也七十年了，它現在與我常常去報到的時期相比，基本上沒有任何變化。我以前就覺得費解的是，同樣叫六曜社卻分成了一樓店面與地下室店面，入口和菜單也不一樣。在一樓或地下室喝一杯咖啡的價格都相同，可是兩邊用的是不同的咖啡豆，真的是很特別。

我們實際進店裡看看吧。首先是一樓，藍綠色磁磚圍繞的室內設計莫名有種懷舊感。小時候如果去朋友家拜訪被帶到這樣的會客室，我會有點緊張，大概是這種氣氛。

一樓店早上八點半開始營業，晚上十點半打烊，總共有三十五席，也很符合現代人的需求，當一般咖啡廳來消費的客人駱繹不絕，不管什麼時候去，「六曜社」都熱鬧而不擁擠。

地下店的吧台座和餐桌座位總共有二十多席，也因為是地下空間，感覺比較狹窄一點，但是反而讓人很自在。咖啡好喝當然不用說，手工甜甜圈更是不能錯過，一樓店也可以點手工甜甜圈，剛出爐的美味保證讓你一吃成主顧。

「六曜社珈琲店」藍綠色磁磚圍繞的室內設計莫名有種懷舊感

六曜社珈琲店

京都市中京区河原町三条下ル
大黒町40

一樓店面可吸菸
075－221－3820
8時30分～22時30分
星期三公休

地下店禁菸
075－241－3026
12時～23時（喫茶時間）
12時～18時（喫茶＋BAR時間）
18時～23時
星期三公休

6 在「幸神社」遇見神猿，京都人很迷信？

這樣講可能有點極端，不過京都是個建立在迷信上的城市。

「一種沒有科學根據，對社會生活帶來很多障礙的信仰。」《大辭林》這本辭典是這樣解釋「迷信」的，所以用這個詞可能不太準確，因為辭典後半段寫的不能套用在京都，畢竟別說迷信造成什麼社會生活的障礙了，京都某種意義上就是由這些迷信組成的社會。

那又是什麼迷信組成了京都這個社會呢？十之八九都與神佛有關。好比說京都人深信不疑的習俗中有「鬼門」這樣的觀念，當然全日本各地都有這種觀念，不過京都人會與鬼門正面交鋒。

「鬼門」指的是鬼出現的方位，也就是東北方、丑寅方位。鬼的存在本來就沒有任何科學根據，不要說鬼門，就連鬼本身都已經是種迷信了。

可是在京都，鬼門的觀念普遍程度已經滲透進日常之中了。只要在京都市區走走很快就會了解，不要說民宅，老字號商店或公司都很忌諱丑寅方位，因此會採取「祛鬼門」的措施。

他們會種植音近「轉禍為福」的「南天竹」，或者鬼怪排斥的柊樹。可能有人會覺得這樣太小題大作，不過在京都市中心稍微走走，應該很容易能看到這些物品。

父母在我小時候曾經教過我，在街上迷路就去找南天竹或柊樹，因為那就是東北方。因此京都的小孩就算不太熟悉其他樹木的名稱，也會很快就記住南天竹和柊樹。沒有空間種樹的家屋或店面，則會在東北方位鋪上白砂或白砂石淨化空間。家家戶戶都在想辦法驅逐鬼門，不過封印整個京都的鬼門時用的是猿猴，也就是說京都公認用來封印鬼門的，是神差猿猴。

在京都除了要保護百姓，最需要保護的當然就是天皇。天皇居住的京都御所當然也有鬼門，也必須封印，因此在鬼門方位的築地牆[6]上安放了一個猿猴木雕，因此這個角落叫作猿之辻（猿が辻）。

雖說猿猴是神差，作亂起來還是會滿棘手的，因此牆上的猿猴是被關在金屬網

註 6：用木頭骨架砌上泥土的土牆，牆頂附有屋簷。

籠中的狀態。猿之辻的猿猴，就某個意義上來說其實是複製品。原本在這裡守護天皇的猿猴現在去哪裡了呢？就在稍微往東北一點的「幸神社」裡，供奉在小堂的東北角。「幸神社」不是什麼觀光景點，只是街角的一個小神社而已，不過它自古以來就建在此地，是個歷史悠久的神社。

從寺町今出川往北走，左轉進入小巷子會看到一個小小的朱紅色鳥居，幸神社就在這裡。幸神是「塞神」，也就是「道祖神」，可以驅逐邪氣、預防災厄，是一種福神。不過如果視幸神社為「幸」的神社，感覺在這裡可以得到天降鴻福，是個有拜有保佑的神社。

據說幸神是從遠古的神代時期開始受人祭拜，神社在飛鳥時代（五九二～七一〇）重建過，不但有悠久的歷史，另外也傳說是因為桓武天皇（七三七～八〇六）想要封印平安京（京都）的鬼門，於是在這裡蓋了出雲路道祖神社，也就是

驅逐邪氣，預防災厄，對京都來說相當重要的「幸神社」。

現在的幸神社，因此幸神社在京都扮演了重要的角色。而且據說正式創建是七九六年，這也是遷都平安京後建造的第一間神社。

幸神社真的很小，所以有這些先備知識就綽綽有餘了。我們就實際到當地參拜，再仔細在境內走走觀察吧。首先請去找供奉在廳堂東北角落的神猿，雖然要隔著叉叉形的木格才能看到，不過比起猿之辻的猿猴，在這裡可以看得更清楚。肩負著御幣[7]、戴著烏帽子的神猿盯著丑寅方位守護土地，不讓鬼入侵。

在京都，不但有「鬼」這種魔物存在，還會祭拜負責打鬼的神猿，也有人會種植可以袪鬼門的南天竹或柊樹，或者以白砂淨化空間。甚至在室內，要是鬼門不淨很容易引鬼入侵，因此用水設備要避開鬼門。平安京至今已經超過一千兩百年，京都人一直守著這樣的迷信，而在這個城市裡，迷信的象徵就是「幸神社」了。

幸神社
京都市上京区寺町通今出川上る西入幸神町303
075－231－8774
10時～16時
不定期公休

註7：日本神道教中獻給神明的紙串，通常是兩條類似閃電狀的白色紙垂夾在竹棒或木棒上，在祭典中揮舞御幣也有淨化空間的效果。

7 造訪「河井寬次郎記念館」認識民藝

京都有很多公立私立的美術館與博物館，許多博物館會舉辦特展，以前熱門的展覽還會大排長龍。然而疫情改變了一切，幾乎所有場館都被迫要休館，好在許多場館等到適合的時機又重新出發了。

不過為了避免群聚，多數地方採取預約入館制，就結果來說，現在比疫情前更容易好好看展了。或許不少人對於新的生活形態感到困惑，不過對於我這種討厭排隊又討厭人潮的人來說，預約入館方便多了。

而且在眾多博物館之中，「河井寬次郎記念館」本來就算是人潮不多、不容易群聚的一間，因此他們的展覽一如往常，依然採取以前的參觀形式。

我想許多人早就已經知道河井寬次郎這號人物了，他是被指定為人間國寶的陶藝家，也是柳宗悅（一八八九～一九六一）提倡的民藝運動中知名的中堅人物。

不好意思要提一下我的私事，我祖父在明治時期（一八六八～一九一二）出生，他長年投身民藝運動，也與河井寬次郎有私交。河井寬次郎常常來我們家，我見過他好幾次，他細瘦的臉龐和大眼睛讓人印象深刻，整體樣貌很有藝術家的氣息。

回到正題，民藝運動起源於大正時代（一九一二～一九二六），在昭和（一九二六～一九八九）、平成（一九八九～二〇一九）年間也安安靜靜地持續著，到了令和年卻進入前所未有的興盛期，身為一個民藝愛好者，我真的是欣喜萬分。

我不是很想用「風潮」這種膚淺的詞，不過看了些生活風格雜誌之後，就會感覺真的已經掀起一波民間工藝的風潮了。

疫情期間在家上班也許是其中一個契機，似乎很多人關在家裡、重新注視身邊的物品後，才注意到日常生活中使用的工具或器皿實在太粗糙了。

於是他們動念想選擇能妝點日常生活的日用品，也在此時認識了「民間工藝」這個詞。地方的伴手禮店中常常會看到「民藝品」這種東西，看起來很像是「民藝」，但其實略有不同。講誇張一點，差就差在物品中灌注的心血。

大正時代柳宗悅提倡的民藝運動是把重點放在「用之美」上，我對用之美的解讀大概是「沒有美會勝過實用物品之美」。

「民藝」顧名思義就是誕生於民間的藝術品，不過製作這些東西都是要拿來用的，因此實用性是第一優先。又好用又美麗就是「用之美」，認識這個概念後就來參觀河井寬次郎記念館吧。

記念館位於五條坂，從東山五條的路口往西南前進會進入這條小巷子裡。這一帶過去開過幾間京燒的窯廠，但在被抗議會造成煙害之後，幾乎全都遷到郊外去了。館內的登窯讓人穿越回到窯廠林立的時代，看見當時的光景。河井寬次郎每天都在這裡燒製器皿、過生活。記念館將他的工作面貌和生活狀態原封不動保留下來，與所謂的美術館或博物館還是很不一樣的。

我初次造訪河井寬次郎記念館的時候，感覺像是在看一齣名為「到府參觀」的電視節目，彷彿館主人就在我身邊，而他一直在這裡生活。這種氣氛至今依然沒有改變，當然館內陳列了眾多作品，可是作品都像是生活的一部分，這也是河井寬次郎記念館的最大特色。

散發黑色光澤的粗大櫟柱也像是河井寬次郎的作品，不但強而有力，又兼具勻稱之美與品味。我想對河井寬次郎來說，這個工作室兼住家可能就是民藝本身吧。具有稀世陶藝家之名的河井寬次郎其實也有思想家的那一面，他以語言當作表述思想的手段。

好比說館內展示的標語都讓人印象深刻，雖然展示時不時會更換，不過我看到匾額上「眼聽耳視」的四個字時非常震撼。我個人對眼聽耳視的解讀是「不要落入窠臼」，而我至今依然謹遵這四個字的教誨。

河井寬次郎記念館
京都市東山区五条坂鐘鋳町569
075－561－3585
10時～17時
星期一休館
（逢假日開館，隔天休館，另有夏冬的休館日）
www.kanjiro.jp

「河井寬次郎記念館」的氣氛讓人感覺一家之主依然在這裡生活。

8 俯瞰京都的最高點「將軍塚青龍殿」

京都市和其他城市有一個很大的差異，就是為了保護景觀而不蓋高樓大廈。東京就不用說了，名古屋和大阪的車站前都蓋了高聳入雲的大樓，相當引人矚目。過去要新建「京都大倉酒店」的時候，就因為大倉酒店屬於高層建築而引發了大規模的反對運動，想當然反對方的考量就是蓋這間飯店會破壞景觀。

過去京都發生過古都稅問題，所謂古都稅就是知名宗教場所的參拜費也要課稅，宗教場所對此都極力反對，甚至祭出了「謝絕參拜」的強硬手段。在蓋京都大倉酒店的時候也引發了相同的運動，有些宗教場所直接謝絕投宿京都大倉酒店的人來參拜。

京都大倉酒店的建設固然引發了強烈的反對運動，在幾經波折後還是照原訂計畫蓋好了，這棟大樓有多高呢？其實也就地上十七樓，六十公尺高而已。

有棟蓋在東京車站附近、預定在二〇二七年完工的大樓是三百九十公尺，已經蓋好的大阪「阿倍野 HARUKAS」也高達三百公尺，京都大倉酒店不過五分之一高就受到這麼強烈的反對，可見京都人對高層建築有多敏感了。

大樓建築確實很礙眼沒錯，不過我覺得京都人嫌棄大樓為的是想免於被人俯視的境地。掌權者從高高的城樓上俯視萬民是滿常見的情況，但是京都漫長的歷史中向來不存在這樣的概念，因為天皇居住的「御所」是低層建築。不管再有權有勢的人，都會盡力避免建造出俯視御所的高大城池，即便是江戶時代德川家康（一五四三～一六一六）創建、家光（一六〇四～一六五一）新建的「二條城」天守閣，加上天守台的石牆聽說也只有四十八公尺高，比現在的京都大倉酒店低許多。

不過人類真的是很任性，雖然討厭被俯視，卻又很想要眺望自己的城市，而且要是有佛祖當後盾，當政者應該也不會有意見。我不太確定當時的想法是不是這樣，雖然現在不存在了，不過京都市區有不少寺廟都建造了高塔。

「相國寺」境內的高塔據說高達八十公尺，其他包括「金閣寺」和廢寺的「八勝寺」都建了高塔，塔上還有展望台。

比塔更進階的就是「舞台」了，不用我多說，大家都知道「清水寺」的舞台吧。

這個「清水舞台」如今依然聚集了很多觀光客，紀錄中也顯示以前很多遊山玩水的旅客會來這裡。

清水寺蓋在東山的山腳，以前看到的景觀應該會比現在更遼闊。直到平成二十六年（二〇一四）十月，才蓋了能夠凌駕清水舞台的舞台。「將軍塚」是「青蓮院門跡」的域外地，裡面「青龍殿」附設的大舞台是清水舞台的四倍大，在寬敞的舞台上可以俯瞰京都街景。

實際站上這個舞台會看到相當壯觀的景致，讓所有人都震撼到忘記呼吸。眺望這個京都街景如同在看俯瞰圖一般，難怪會吸引這麼多人潮，將軍塚現在已經成為京都首屈一指的觀光勝地了。

將軍塚這個地名出自建都平安京的桓武天皇，他希望能鎮住這塊地，於是把穿上鎧甲的土偶當作「將軍像」，埋進土中並築塚。

從「青蓮院門跡」可以俯瞰壯觀的京都市。

對京都人來說，標高二一六公尺的將軍塚已經漸漸成為夜景名勝，景觀之好是有口皆碑的。那麼為什麼桓武天皇會選在這裡蓋將軍塚呢？為什麼不選在更高的「比叡山」或「如意嶽」？

解答與和氣清麻呂這位貴族有關係。和氣清麻呂（七三三～七九九）是桓武天皇器重的實務官員，也傳聞他有治水之功。而且和氣清麻呂就是建都平安京的功臣，桓武天皇當時在煩惱長岡京的搬遷地點，而進言說可以遷都山城國，也就是現在的京都，和氣清麻呂讓桓武天皇下定決心的地方則是現在的將軍塚。可以說是青龍殿的視野，成為了定都平安京的基礎，下次在俯瞰京都街景時，不妨也揣摩看看桓武天皇的心境吧。

將軍塚青龍殿
京都市山科区厨子奥花鳥町28
9時～17時
www.shogunzuka.com

9 在「護王神社」認識「風水四神」

講將軍塚青龍殿時提到了和氣清麻呂，供奉他的神社位於京都御苑附近，名為「護王神社」，他也是腳與腰的守護神，深得京都人心。

為什麼祭祀和氣清麻呂的神社會是腳與腰的守護神呢？這是源自一個傳說。傳說過去發生皇位繼承問題的時候，和氣清麻呂守住了皇位的正統性，卻被流放到宇佐，還遭到刺客襲擊，幸好多達三百頭山豬救了他一命。

突然出現的大量山豬不但救了清麻呂公一行人，還替他們指引方向，更不可思議的是，他還得到健康的腰腿，長年苦惱的跛腳問題不藥而癒，因此在這間護王神社可以求健康的腰腿。

捍衛皇家正統的清麻呂後來開始平步青雲，到了桓武天皇時代，他已經爬到了最高官員的地位，成為桓武天皇的心腹，治理國家。

如果沒有他的建言，首都可能會選在其他地方，現在的京都也不存在了，因此他可是京都的大恩人。

桓武天皇建都長岡之後災難連連，清麻呂公知道天皇在找遷都的地點，因此他漫步尋覓，找到了絕佳的候補地，並帶桓武天皇來到可以縱覽候補地全貌的地方。用現在的話來說，他扮演的就是房屋仲介的角色。他們來到了前面提到的將軍塚，清麻呂公遠眺京都盆地，開啟了下面的對話。

「此景如何？是絕佳的地點吧？」

「嗯，確實很完美，但是風水四神呢？」

「天皇請放心，北神玄武是船岡，就是那片小小的綠意。接著請看西邊，白虎方位的山陰道一望無際，綿延不絕。南邊應該可以看到大池子，那是巨椋池，朱雀神會在那裡現身。而眼前流淌的鴨川正是東方的神青龍。臣找遍了天涯海角，確定沒有更適合建都的地方了。」

「做得很好，清麻呂公，值得嘉許，你馬上準備在這裡建都吧。」

我也不敢說他們真的有這樣的對話，不過平安京就這樣定案了，也難怪供奉清麻呂公的護王神社就建在京都御所的附近。

那我們來參拜護王神社吧。最近的車站是地下鐵烏丸線的丸太町站，從北側驗票口來到地面，在烏丸通上前進十分鐘左右就會抵達神社。

神社對面是京都御苑，御苑東北側又是京都御所，能被供奉在天皇的左右，清麻呂公想必也很心滿意足吧。

在石製鳥居前迎接我們的不是狛犬，而是狛豬，想當然就是因為山豬救了清麻呂公還為他們帶路有功吧。護王神社境內處處有豬，因此每到豬年的就會出現排隊的人龍來新年參拜。

穿過正門，右手邊的手水舍[8]有隻名為「幸運靈豬」的青銅豬像會吐水，據說撫摸銅像的鼻子能得到好運。拜殿左方有間社務所，裡面的山豬收藏品一字排開，拜殿右方種了巨大的銀杏樹，秋天會看到美麗的金黃葉子。據說銀杏樹的樹齡超過了六百年，樹旁立了和氣清麻呂公的銅像，他眼睛直直看向京都御所。

護王神社的可看之處，除了很多的野豬與日本國歌《君之代》中唱到的岩石之外，絕對不能錯過拜殿高掛的匾額「風水四神（四神相応）」。

註8：設置於宗教場所的空間，放置淨水池讓參拜者洗手或漱口。

風水四神這個觀念很有可能是桓武天皇下定決心的關鍵，京都旅行中在很多地方都可能會接觸到。風水四神是中國傳來的思想，指的是東南西北四個方位都有負責掌管的神，而某些地勢或地相又最適合這四神。以京都為例的話，就是前面清麻呂公對桓武天皇所做的說明。

匾額上畫有四神圖，另外也有說明風水四神的概要，看了之後不妨先記在腦中，這樣一來，行走於京都的時候，會對很多事恍然大悟，許多疑問也會迎刃而解。

護王神社
京都市上京区烏丸通下長者町下ル桜鶴円町385
075－441－5458
6時～21時
www.goojinja.or.jp

到「護王神社」不能錯過拜殿高掛的匾額「風水四神」。

10　一日秘湯「鞍馬溫泉」

真是做夢也沒想到這樣的時代來臨了，我們竟然必須自主不出遊。

旅行讓人抽離日常，前往或近或遠的地方，然後沉浸在出遊地獨有的解脫感之中，等平日的煩惱不在之後，又可以重新回歸日常。旅行是人生的假期，也是重要的活動。平常感觸還沒有那麼深刻的人，在遇到疫情的限制之後，似乎也會發現旅行有多重要。雖然疫情沒有完全清零，不過旅遊一解禁，許多人就踏上旅程了。比較謹慎一點的人則是先在腦中排演下一趟旅程，計畫下次要去哪裡。

某間旅行社做了「國旅解禁後想要去哪裡」的問卷調查，有兩個答案最多人選。第一名是溫泉，第二名是京都，聽到這個結果，我覺得好像滿合理的。

想泡溫泉放鬆一下，也想去京都療癒一下，到底要怎麼選擇呢？真是傷腦筋啊。這當然是在疫情前就有的趨勢，看看旅遊雜誌和女性雜誌的特輯就很明白了，書店門口不斷會看到京都特輯和溫泉特輯，可見京都和溫泉一直很熱門。

雖然這不是在講銀行的合併，不過如果第一二名可以合併的話，應該會無敵熱門吧？有人會這樣想我也不意外。

不知道是幾年前有個「去京都泡溫泉」的潮流，因為京都的地下深處挖出了溫泉，新聞也大肆報導。溫泉位於洛北大原和洛西嵐山，這兩處都是人聲鼎沸的觀光地，很多人也在關注這裡是不是會更熱鬧，但實際上並沒有想像中那麼多人潮出現。有些旅館撒下鉅額資金引入溫泉，結果使用率好像也沒有飆高。

為什麼溫泉效應不顯著呢？我自己分析認為，是因為溫泉與京都這個地方的形象有出入。大致上來說，泡溫泉的目的是「發懶」和放鬆心情，可是京都的生活主色調卻是「活力敏捷」。無論寺廟或神社都是因為氣氛嚴肅才會有人聚集，要是氣氛輕鬆，魅力也會減半。

還有一個原因，就是京都不適合「人工物」，這讓溫泉一直紅不起來。自古以來，大原和嵐山就帶有古典的氣息，讓人感受到介於雅俗之間的獨特氣氛，突然迸出的溫泉實在很格格不入，只是對於愛好溫泉的人來說可能有點可惜就是了。

儘管如此，在京都之旅中，偶爾還是會想泡溫泉消除全身疲勞，此時不要忘了洛北鞍馬的「鞍馬溫泉」。

洛北鞍馬除了有號稱京都第一的聖地「鞍馬寺」，又以天狗出沒的傳說聞名。此外，源義經（一一五九～一一八九）年少時，以牛若丸之名習劍的地方主要也是鞍馬山。因此這裡比較有山中獨棟旅宿的氣氛，不是那種歡樂的溫泉地。

這裡離市區很遠，建議開車或搭公車前往。從JR京都站搭地下鐵烏丸線，在終點站國際會館站下車，接著轉乘京都公車五十二路，坐到終點「鞍馬溫泉」，車程大約一小時。

溫泉旅館是硬山式屋頂的山莊風房屋，有提供住宿，在這裡住一晚是滿有雅致的，不過這個行程比較適合骨灰級的京都遊客。

在京都依然能感受到祕湯氣氛的「鞍馬溫泉」

我會推薦白天去泡湯，當天來回就好。館內有大浴池和樹林圍繞的露天澡堂，選擇二千五百日圓的「當天來回方案」的話兩邊都可以泡到。而且館內還有廣間的休息室和餐廳，讓人從上午悠悠哉哉放鬆到傍晚。

如果想當作是去公共浴場，只進露天澡堂泡一下就好的話，一千日圓的入場費就能享受到溫泉，時間比較緊張或者在遊覽鞍馬和貴船的途中想流流汗的人，在這裡也可以充分體驗到「京都的溫泉」。

鞍馬位於深山之中，四周有原始的自然圍繞，泡湯之餘還能欣賞四季遞嬗的風景，我特別推薦新綠季節和冬天的雪中泡湯。鞍馬溫泉雖然在京都，依然能讓人感受到一種祕湯氣氛，也許京都只有這裡適合溫泉了吧。

鞍馬溫泉（くらま温泉）
京都市左京区鞍馬本町520
075－741－2131
www.kurama-onsen.co.jp

11 光是在「賀茂川」散步就是一種幸福

應該沒有人來了京都，卻從沒見過鴨川的吧？我想每個人至少都見過或者走過鴨川上的橋。鴨川由北往南貫穿京都市區，以前因為容易氾濫讓居民相當懼怕，如今鴨川的溪流卻總是很平穩，真是不可思議。

三條大橋到四條大橋的河段坐擁花街與商店街，河面的倒影總是格外風情萬種。鴨川對觀光客來說是一大看點，也是深受京都居民愛戴的一片綠洲。

我出生的河原町荒神口靠近鴨川，後來搬了幾次家，但是從來沒有遠離過鴨川。我一直住在出門就能走到鴨川的地方，尤其目前的住處兼診所與賀茂川距離不到一百公尺，近到下過大雨後都能聽到河水聲。

標題的「賀茂川」和鴨川其實是同一條河，京都人習慣用不同寫法標記不同河段。洛北雲畑一帶的源頭到賀茂大橋的河段是賀茂川，另一方面，高野川從京都和滋賀縣交界的「途中越」流到這一帶，兩條河川合流後的河段就是一般稱呼的鴨川。今出川通以南寫作鴨川，以北寫作賀茂川。

而我要推薦的散步路段是賀茂川這裡。

近年賀茂川周邊整理得很好，又保有一定的自然環境，因此可以很自在舒適地散步。特別值得一提的是，賀茂川散步途中可以參拜兩間登錄為世界文化遺產的神社，而且可以邊走邊眺望京都代表性的美景東山群峰，還有比這個更奢侈的享受嗎？

那我們就按照順序來走吧，需要煩惱的只有一件事：起點要從北邊開始還是南邊？其實兩個路線都可以，端看交通和個人方便，硬要選的話，我推薦從南往北再折返。

這次散步的起點是賀茂大橋，到御薗橋折返，去程與回程走的分別是左與右岸。途中可以參拜世界文化遺產「上賀茂神社」和「下鴨神社」，來回不到十公里，這個是完整的行程，剩下的可以根據個人身體狀況、體力和時間自行做調整。

或是可以分兩次走，一次走賀茂川和上賀茂神社，一次走賀茂川和下鴨神社。有幾班市區公車沿著賀茂川行駛，步行與公車併用也是不錯的方法。更進一步說，其實信步在賀茂川河岸散步就夠愉快了。

上賀茂神社和下鴨神社的詳細說明許多旅遊書都有刊載，官網也寫得很仔細，歡迎參考，這裡我只會寫旅遊書中絕對沒提到的賀茂川魅力。

第一個是從賀茂川眺望的風景。我前面也有提到，走在右岸，也就是西岸可以一直看到東山群峰，其中最具代表性的是比叡山和如意嶽，五山送火[9]的「大」字就是點在如意嶽上。

有一個地方可以看到這兩座山最美的模樣，就是從賀茂大橋數來第三座橋「出雲路橋」附近。從出雲路橋上往東南邊看，可以清楚看到如意嶽的「大」字。再往北走，比叡山會展現美麗的一面，我有時候都覺得這樣的風景不輸富士山。

喜歡京都的人應該都知道京都是東、北、西三面環山的盆地，而在賀茂川散步就可以親眼見證這件事。走西岸看東山群峰，走東岸看西山，然後不管走哪一邊，都可以仰望遙遠的北山群。走在河邊仰望山景就足以讓心情豁然開朗了。

還有一個看點，在賀茂川邊散步一定會看到當季的植物，不只是看到，芬芳的花朵會用氣味捎來季節的訊息。

註 9：每年八月十六日在京都舉辦的傳統活動，分別在五座山點燃文字形的火，將死者之靈送往陰間。

春天的代表是瑞香，秋天是桂花，在對的季節來賀茂川散步，就會聞到從不知道哪裡飄來的香味，尋找味道的來源，就會看到這些花朵。

有花就有水鳥，許多種鳥類會在賀茂川駐足，要是河風輕拂，月亮也露臉，就真的是花鳥風月的世界了。這條不用擔心來往車流，也不會遇到紅綠燈的散步路線，會為你的身與心充飽電力。

下鴨神社
京都市左京区下鴨泉川町59
075－781－0010
6時30分～17時
www.shimogamo-jinja.or.jp

12 睡在鴨川旁邊

來京都旅遊該住在哪裡呢？這是個大哉問。

在一般的情況下，待在旅館內的時間應該會超過十二小時，如果你的旅館不盡人意，就必須長時間在不滿的情緒中度過了。換句話說，住到好旅館代表京都之旅成功了一半。

因此挑選旅館的時候必須謹慎謹慎再謹慎。首先考慮的是要選大飯店或日式旅館。講到飯店，近年京都的飯店熱大爆發，如同雨後春筍一般，幾乎每天都會聽到新飯店在開張。

萬年的飯店慌，加上稍嫌過熱的訪日觀光，使得民宿和飯店的客房數都大量增加。在開始有聲音質疑「真的有這麼多需求嗎」的時候，疫情就爆發了，因此這波熱潮也完全冷了下來。有些飯店延後開幕時間，有些停建，有些取消建設計畫，京都飯店業一改原本的榮景，出現了許多負面的新聞，目前飯店業的情況就是屏息以待，觀察之後的變化。

回歸正題，幾乎所有人都會想略過日式旅館，選擇飯店來住吧？主要的理由不外乎日式旅館感覺很擠，比起地板更想睡床上，或者不習慣日式旅館等等，不過最大的理由可能是日式旅館住一晚附兩餐，沒辦法去想去的店吃晚餐。

大多數的人都會鎖定目標，覺得來了京都想去哪一間店吃晚餐，應該說有不少人的主要目的就是這一餐吧，也就很自然地會選擇住飯店了。但是如果你覺得難得的京都之旅，想在有氣氛的日式旅館住住看，我會推薦「半宿旅館」。

「半宿」的「半」指的是住一晚只附一餐，也就是只附早餐。既然沒有附晚餐，晚上就可以離開旅館，去喜歡的店裡用餐了。既可以住在京都風格的日式旅館，又可以在喜歡的店裡吃晚餐，兩個願望一次滿足。

有一段時間掀起了半宿旅館的風潮，整個城市到處都有，現在已經少很多了，這種方案的生意很難做，很多又是家族經營，要維持下去可能很困難吧。儘管如此，還是有一間長期推出半宿、位於先斗町旅館，名叫「三福」。

講到京都的日式旅館，給人的印象就是外圍有長長的黑外牆，要穿過雄偉的大門才能進入旅館，不過先斗町通中段上的三福沒有任何氣派的門面，外觀低調到一不小心可能會走過頭。

相信很多人都知道先斗町通是鴨川和木屋町通之間的一條平行小路，東側許多店家緊鄰鴨川，初夏到初秋照慣例會搭建川床[10]，形成京都代表性的夏季景觀。每到夏天，鴨川川床的景致就會上電視新聞，很多人看了大概都會心生嚮往，我常常聽到有人說想去鴨川的川床。

在這排店家中的日式旅館，你覺得會是什麼模樣呢？

從先斗町通穿過玄關進入旅館，沿著細長的石板路，來到後進的房間。這種狹長的格局俗稱「鰻魚的家」，很有京都建築的風格，旅館掌握了一晚睡眠的命脈，而「三福」會帶給你無可挑剔的安心感。這樣狹長的格局，也可以更靠近鴨川。

「三福」是間小旅館，一樓和二樓加起來只有三個房間，其中兩間房面河，可以就近欣賞鴨川。京都旅館何其多，卻找不出第二間有這種景觀的地方，我每次住一樓的「鴨之間」都會這樣想，然後忍不住嘆氣。這裡沒有搭建川床，所以人與河之間

註 10：店家在夏天時搭建在鴨川上的露台，可以一邊享用美食，一邊聽水流，又稱為「納涼床」。

沒有任何障礙物，旁邊就是鴨川河堤了，沒實際住過或許真的不會知道，在這裡住上一晚是多奢侈的享受。

「三福」是間日式的老房子，澡堂是共用的，洗手間也在房外，所以不推薦給追求最新硬體設備的人。不過如果你懂得欣賞日本風情又無欲無求，三福就是最好的旅館，你可以在鴨川的流水聲中入眠，在用心準備的早餐香味中醒來。

三福
京都市中京区先斗町三条下ル
若松町140
075－221－5696
www.kyoto-mifuku.jp

可以就近欣賞鴨川的「三福」。

13 「哲學之道」的小秘密

真是做夢也沒想到這一天會來臨，我們竟然必須自主不出遊，而且最大的理由還是因為出遊可能會戕害身體，實在是青天霹靂。

對於一路走來都認為旅行即人生的我來說，真是難以用痛苦之外的詞來形容，畢竟每次被問到「健康的秘訣是什麼」的時候，我都會毫不猶豫回答「旅行」，我一直覺得我的人生不能沒有旅行。

人到底是從什麼時候開始旅行的？人類之外的動物會旅行嗎？仔細想想其實還滿不可思議的。去除以旅行為業的人，人類就算不旅行也可以維持生命，代表說如果只是要生存下去根本不需要旅行，然而我想應該沒有人是一輩子從沒旅行過的吧。人為什麼要旅遊呢？我深信解答的關鍵是「健康」這兩個字，旅行不是為了維繫生命，而是為了保持健康，這樣一想就合理了。

而健康到底是什麼意思呢？在這次的疫情中受到矚目的「世界衛生組織」（WHO）定義如下：「健康不僅是指沒有疾病或障礙，而是身體、精神和社交方面都完全舒適的狀態。」讀到這一句話，應該就能清楚理解旅行對於保持健康的助益了。

在旅行中，我們會發現自己不知不覺走了很多路，我在手機中裝了計步器的APP，旅途中的步數總是遠遠多於日常生活，而步行對生理健康又有很大的幫助。就心理健康來說，旅行扮演的角色也一點都不小。

抽離日常、踏上旅途之後可以拋開平日的煩惱，欣賞美麗的風景也能讓心情豁然開朗，這就是旅行的功用。

許多人嚮往京都並選擇來京都旅行，是因為他們親身體驗到了旅行有益健康。

京都市在平成二十二年（二〇一〇）制訂了「步行的城市京都」憲章，減少搭乘交通工具的觀光，主打步行遊京都。我非常贊同這個運動，久居京都的我在移動時都選擇步行，盡可能避免搭交通工具，因此我才會有那麼多發現，多到能出書。如今我依然保持這個習慣，每天大概會走一萬步，走的大多是賀茂川沿岸，不過散步中聽到川流聲可以讓心情平靜，因此我有時候會改走其他河岸，其中一條就是「哲學之道」。

哲學之道是沿著流經東山腳下的「琵琶湖疏水」建的河岸步道，「永觀堂」附近的「熊野若王子神社」前有一條冷泉通，步道是從冷泉通的「若王子橋」，到「銀閣寺」的參道今出川通上的「銀閣寺橋」。

明治時代建設了琵琶湖疏水之後，附近越來越多人居住，也被稱為「文人之道」。後來京都大學的知名哲學家西田幾多郎（一八七〇～一九四五）等人會在這裡散步與思考，因此「文人」變成「哲學」，最後經過一些波折，取名為「哲學之道」。

哲學之道的步道大約一公里半，來回大約是三公里，沿途會經過「大豐神社」、「靈鑑寺門跡」、「安樂寺」、「法然院」、「銀閣寺」等大名鼎鼎的宗教場所，稍微繞路去參拜的話，路程會超過五公里，隨便一算大概就有八千步了。最大的優點是，車子不會走這條路，而且河道很窄，便於行走也是我推薦的理由之一。哲學之道西側是白川通，對腳力沒有自信的人，可以在去程或回程改搭公車。

雖然稱不上是哲學，不過在觀賞綠意掩映的細流、傾聽川流和鳥鳴聲的時候，可能會產生一些意想不到的靈感，我向來都是在搜索枯腸想不到小說題材時去哲學之道。

題外話，看到這條河水會感到疑惑的人，一定是很敏銳的京都通。京都的地勢北高南低，因此河川一定是由北往南流，不過哲學之道的河川卻是由南往北。這是引自琵琶湖的疏水，因此會違反高低差原理，我前面提到的寺社巡禮也是從南往北列舉，水的力量真是偉大呢。

14 走一趟「京都府立植物園」賞櫻賞楓

無論是賞櫻或賞楓，如果是想在京都市區觀賞免不了會群聚，因為人潮都會湧入名勝裡。在京都賞櫻就要去某間寺廟、京都的紅葉名勝首推某處……旅遊電視節目和雜誌的京都特輯總是推薦差不多的地方，這種事情有所謂的流行也滿奇怪的，但因為「今年的櫻花要在這裡看」的消息鋪天蓋地而來，因此人潮會湧入同樣的寺廟或神社，造成群聚的問題。再加上近年夜間還有點燈活動，越來越多地方會以海報宣傳，結果人就都擠進少數幾個宗教場所了。

「難得去看了夜櫻，結果看到的都是別人的背影。」

我常常會聽到這樣的抱怨。因此我想推薦你們去「京都府立植物園」。京都市區幾乎沒有什麼類似植物園的空間，講「植物園」指的就是京都府立植物園。植物園南邊是賀茂川南端的北大路橋附近，北到北山橋，西是賀茂川堤，東及下鴨中通附近。

面積約二十四公頃，大概是東京巨蛋的五分之一。

植物園的歷史悠久，大正十三年（一九二四）一月開園，是日本第一個公立植物園，如果從當時一路延續到現在會是將近百年的歷史，不過戰後昭和二十一年（一九四六）起的十二年由聯合國軍隊接管，重新開園要等到昭和三十六年（一九六一）四月了。

不好意思要提一下我的私事，我在同年昭和三十六年三月從植物園搬到了賀茂川的對岸。從新家的玄關往東邊看，就能看到植物園的森林，因此重新開園時我記得很清楚，當時如祭典般熱鬧喧騰，其中可能也帶有「植物園回歸了」的喜悅吧。

這裡本來是上賀茂神社的域外攝社[11]「半木神社」，有一片鎮守之森[12]，可能也因此感覺植物園內的磁場總是很好。半木神社如今還保留在園內，外觀就像是迷你的上賀茂神社。「半木」這個詞還滿陌生的，聽說一開始是因為賀茂川將一些漂流木從北山深處帶到了這一帶，所以原本叫作「流木神社」，只是「流」這個字不是很吉利，因此改用音近的字，取名為「半木」。

植物園西側的賀茂川堤名為「半木之道」，是一條長長的垂柳櫻步道，春天會看到風情萬種的櫻花怒放，賀茂川的水面倒映著淺粉紅色的花。

註 11：攝社與末社是相對於神社本社的用語，指的是本社之外歸神社管理的小規模神社，攝社祭祀與本社祭神淵源匪淺的神明，末社則是祭祀前者之外的神明。
註 12：附屬於神社、包圍著神社的森林。

園內也有一些櫻花樹，所以可以在空曠的園區裡漫步賞花。到了秋天，這裡會變成紅葉的名勝，而且園內種植很多種樹木，可以看到各式各樣的紅葉，不負植物園之名。

開園當時的入口只有南側的正門，如今多了北山通的賀茂川門、北山門和東南邊的北泉門，總共有四個出入口，方便了許多。前陣子公布了植物園的整修計畫，正門附近好像會開一些餐飲店等商店，讓我現在就開始期待了。目前園內的餐飲店只有接近正中央的「森之咖啡」和北山門旁的「北山咖啡」，不過植物園周遭也有幾間餐飲店，外帶便當在園內用餐別有滋味。只是說這裡禁止攜帶酒品進入，需要特別留意。

園內在不同季節會有不同的可看之處，只要詢問櫃臺，就會知道當天最值得看的地方在哪裡，不妨一邊參考園內地圖一邊散步，欣賞當季的花朵。北山門附近有山茶花園和櫻花品種大觀園，再往南有牡丹與芍藥園，因此早春推薦來這一帶。

繼續往南走有花菖蒲園和繡球花園，接近夏天的時候不妨走到這裡。夏天推薦的是進入正門後右手邊往裡面走的「低地花園」，又名下沉花園，這是一種在較低處設計花園的西洋式庭園。不但噴水池會噴水，眼前還有玫瑰園，視覺上就很消暑。

秋天的紅葉就不用說了，而且除了有水車和水琴窟[13]這種日式的陳設，還有氣派的觀賞型溫室，不管春夏秋冬來都看不膩。

「我喜歡這裡的樟樹林道，一直在等園區重新開放，這些樟樹的樹齡大約五、六十年，我緩緩緩緩地走了過來。」這是川端康成《古都》中登場的「樟樹林道」，各位也務必去走一走。

京都府立植物園
京都市左京区下鴨半木町
075－701－0141
9時到17時（16時前入園）
www.pref.kyoto.jp/plant/

半木神社（流木神社）
京都市左京区下鴨半木町
京都府立植物園內

上賀茂神社
京都市北区上賀茂本山339
075－781－0011
www.kamigamojinja.jp

註13：日式花園的裝飾之一，在手水盆附近的地底挖洞，讓水滴落後產生迴響聲，傳到地面上。

第二章

大快朵頤
京都　美食

我喜歡任由自己的步調，在我每天生活的城市裡尋找美食，
可能是高級但實惠的割烹，或是天天都會想念的平價食堂，
日積月累，不知不覺就形成一張很個人的美食地圖，
歡迎你也一起來品嚐看看

15 京都烏龍麵的主角是湯頭

不同地區的飲食文化相去甚遠，而且區域內部還會再分化，因此可能只是不同縣市就已經南轅北轍了。比方說雖然都是東北地區，秋田縣和山形縣的飲食文化卻截然不同，東海地區的愛知縣和岐阜縣也大相逕庭。

最常拿來比較的就是東西日本的飲食，很多時候大致來看是相同的東西，細究之下才發現根本不一樣。

就西日本而言，大阪和京都有些地方很類似，但也有不少東西是千差萬別的。以鰻魚為例，大家都知道東日本是切開魚背後蒸過再烤，西日本是切開魚肚後直接烤。大阪似乎符合這個敘述，不過京都的鰻魚店大多採用東日本的做法，開背後蒸烤的軟蒲燒更受歡迎，真的很不可思議。

有個煞有其事的說法是因為以前京都貴族的後代喜歡吃軟的食物，而急性子的大阪人則是耐不住性子等鰻魚蒸過再烤。

而大阪和京都還有一個地方不一樣：烏龍麵的名稱。

一般加豆皮的蕎麥麵是叫「狐狸（きつね）」，在大阪卻叫作「狸貓（たぬき）」，大阪的「狐狸」是豆皮烏龍麵，「狸貓」是豆皮蕎麥麵。而在京都，「狐狸」指的與大阪同樣是豆皮烏龍麵，「狸貓」指的卻是豆皮烏龍燴麵，豆皮烏龍麵加葛粉勾芡後就變身成豆皮烏龍燴麵了。因此雖然京都也有「狸貓蕎麥麵」，但是大阪不存在「狸貓烏龍麵」。

再進一步說，大阪的豆皮烏龍麵是用煮得甜甜鹹鹹的豆皮，京都的豆皮烏龍麵通常是用沒有調味過的豆皮絲，甜甜鹹鹹的豆皮烏龍麵京都習慣稱呼為「甜狐狸（甘きつね）」。

只不過是一碗烏龍麵，大阪和京都就已經差了這麼多。

但是大阪和京都的烏龍麵不像讚岐烏龍麵那樣有嚼勁，而是牙肉都咬得斷的軟麵，這是兩地的共同特色。原因就是京都和大阪一樣，昆布甜味的湯頭才是烏龍麵的主角。

讚岐烏龍麵與其他日本各地知名的烏龍麵，特徵大多是在麵本身，湯頭只是附帶的，可是大阪和京都不只是烏龍麵，所有料理的基礎都是看湯頭。

所以我想介紹「殿田食堂」的「狸貓烏龍麵」。只要吃了這一道，就會很清楚烏龍麵的主角是把高湯調味做成的鮮美味露了。

順帶一提「高湯（出汁）」這個詞的詮釋有東西日本的差異，京都和大阪也把烏龍麵的味露湯（つゆ）叫作「高湯」，京都人會喝著美味的烏龍麵味露湯，一臉陶醉地說：「真是美味的高湯啊。」

不過這在東京是行不通的，要是小說中這樣寫，會被校稿員圈起來，將高湯更正為味露湯。飲食文化的用語也有這種有趣的差異呢，東京等地大多是把加了調味料的高湯稱為味露，但是關西依然稱為高湯。

好，我們說回「殿田食堂」。

我十年前開始以ＪＲ京都站南邊的「大和ROYNET飯店京都八條口」為基地，每個月有一半的時間在這裡度過，雖然這一帶現在開了一間間的飯店和商家，不過那時候還冷清得像是未開發的地區，當時的我就發現了這間「殿田食堂」。這是京都街頭常見的普通烏龍麵店，但是不管吃什麼都美味又便宜，所以中午我固定會在這裡用餐。

初次來訪吃的中華麵，以及狸貓烏龍麵、滑蛋天丼、親子丼和咖哩烏龍麵，這些是我必點的菜色。當時只有一些在地常客會光顧，在各家媒體介紹之後，不但觀光客變多，甚至名揚海外。儘管如此，他們還是維持以前一貫的生意風格，客人不至於會多到要大排長龍，這是我最喜聞樂見的了。

日本各地都吃得到烏龍麵，可是在京都，尤其在「殿田食堂」吃的話，你會重新發現烏龍麵的價值、重新理解烏龍麵的美味。不要忘了，主角不是麵本身，而是「湯頭」。

殿田食堂
京都市南区東九条上殿田町15
075－681－1032
11時～17時30分
不定期公休

16 來京都吃一頓精緻的割烹晚餐

許多人是以嚮往的語氣談論京都的飲食，其中又以和食為最，甚至全日本，不，全世界都有美食家願意只為了它造訪京都。

雖然這個現象不是一天兩天的事了，但是情況每年都在升溫，熱力無法擋。然而這些都是過去式了，餐飲業同樣在疫情的影響之下發生了巨變。無論是再熱門的店家，都無法敵過歇業防疫的這段期間。有些店被迫長期歇業，有些改變了營業型態，有些縮短營業時間，應該沒有任何店能夠置身事外。

而且一位難求的熱門餐廳有很多客人是來自其他縣市，又以東京為大宗，因此我猜他們應該是想破頭才想出因應之道。過去不太做在地客人生意的餐廳準備起了外帶料理和外送，開始關注當地人了，不過不少京都人的反應都很冷淡，覺得為時已晚。

有一間老字號中的老字號三星級料亭開始賣起拉麵，這讓許多京都人都相當詫異。可能在換下一代經營之後，也多了些創新吧，價格稱不上是平價，不過銷量很好，因此算是可喜可賀。

而某間割烹店則是推出了牛肉便當外帶，也開始做社群網站的行銷了。我將這間割烹店代稱為Ａ，Ａ會推出外帶便當真的是跌破了我的眼鏡，因為以前發生過一件事。

那一次我很久沒去Ａ了，我在吧台座位用餐。這樣講可能有點失禮，不過我看到了一對年邁的夫妻，與我同年或年紀稍長於我的他們當時已經快要用完餐了。Ａ的特色是會用砂鍋替每個客人煮飯，並把剛出爐的飯端上桌。最近這種用餐形式變多了，通常是會讓客人看煮之前和煮之後的烹調表演。

Ａ的餐點份量都偏多，有些對我們這一輩的人來說其實負擔很大，最後收尾的那碗飯不管有多美味，都很難全部吃完。這位老太太可能是怕浪費，因此拜託老闆：「我想把剩飯帶回去，請幫我打包。」

結果老闆的回答很令人意外。

「我們的餐點都是照客人要吃的時間烹調的，即便是一粒米飯，都是煮來讓您現在在這裡吃的，我不太會做那種不知道什麼時候要吃的東西，我們餐點的靈魂就是要現做現吃。真是抱歉，請您不要外帶。」

老闆的語氣並不高壓，但是拒絕得很堅定。想必老闆後來的決定也是萬不得已吧。在看到一些店窮則變、變則通進行陌生的嘗試時，也會看到一些店面不改色，一如往常繼續泰然地經營下去。其中一間就是我每個月都會去報到一次的「八條口燕 en」，從ＪＲ京都站八條口出來走路就會到了。

我固定會在這附近的飯店房間工作，某次偶然看到了剛開幕的「八條口燕 en」，我去詢問準備中的老闆一些問題後，發現這是間極其接近我理想形式的割烹店。我當場訂了位，後來造訪時真的是無可挑剔，因此我覺得要常來消費，之後一直都和內人兩個人在這裡舉辦月例會。

對我來說，所謂割烹店首先必須採取單點的形式，以前還可以，但是現在我已經受不了只有主廚推薦套餐的單一選擇了。講好聽是推薦，實際上卻像是被強迫推銷一樣，重點是套餐的品項和份量都偏多，這都是我開始對套餐敬而遠之的原因之一。我已經接近古稀之年，我想用自己的速度，吃自己想吃的東西，然後一邊與其他客人說說笑笑，一邊津津有味品嚐美食。而「八條口燕 en」是完美符合我需求的餐廳，這裡不像大阪割烹那樣，菜單上沒有那麼多品項，不過該有的一樣都沒少，還是能享受到「點菜」的樂趣。

「八條口燕 en」會先上精緻的小菜，接著上生魚片，我都會請他們把生魚片做成壽司。我就邊吃一貫一貫上桌的壽司，一邊看黑板的菜單，決定下一道料理。夏天我點香魚或灰海鰻，冬天就點牡蠣或螃蟹，品嚐時令美味的同時，搭配我最愛的氣泡酒。如果這不是人間仙境，還有哪裡是呢？每個月來這裡用餐的那一次，是我心中最奢侈的時光，想在京都吃和食，一定要來「八條口燕 en」。

八條口燕 en（八条口燕 en）
京都市南区東九条西山王町15－2
075－691－8155
17時30分～23時
星期日公休

17 極品割烹超在地推薦

我覺得「割烹」在某種層面上是「料亭」的反義詞，料亭其實可以直接望文生義，感覺就是個提供料理的亭子，是一個建築物，但是就算「割烹」兩個字都看得懂，也搞不太清楚合起來用是什麼意思。

割烹的「割」是用菜刀切的意思，「烹」是烹煮。用菜刀切好食材，然後或煮或煎，要做的事與料亭一樣。

割烹和料亭之間沒有很明確的區別，最一開始的分法好像是江戶提供宴席料理的餐廳叫料亭，而上方[14]現點現做的店家叫割烹。我也聽說另一種分法，說請藝妓的是料亭，不會請的是割烹。

至於餐點這部分，一般的解釋是料亭主要提供預先設計好的套餐料理，而割烹是現點現做，以單點為主。

註 14：指的是天皇居住的地方，泛指京都、大阪一帶。

如果要套用這個分類，時下那種只有主廚推薦套餐的餐廳，可能不該稱為割烹吧。這之間之所以會有灰色地帶，或許是因為有一種類型叫「板前割烹」。

既然是「板前」，最大特色就是廚師會在客人面前烹調出單點的料理。近年京都突然出現許多餐廳只取「板前」的意思，餐點本身卻和料亭一樣，只提供事先搭配好的套餐。原本割烹就應該是點什麼出什麼單點料理，不過可能越來越多人誤以為即便是固定的套餐，只要在自己面前烹調就算是割烹了吧。

人稱板前割烹始祖的「濱作」可能是受疫情影響，現在令和二年秋天是歇業的狀態。應該有不少粉絲都真心期待，不知道「濱作」會以什麼形式重新出發。

坐在吧台邊喝酒邊看眼前廚師烹調料理是我最大的樂趣，最近我常常去的店叫「二條有恆」。餐廳位於最近很紅的「御所南區域」，在二條通與寺町通路口以西，最大的特色就是可以單點的菜色相當豐富。

三折的和紙上用美麗的書法字寫下非常誘人的菜色，光是看著就讓人飢腸轆轆了。又想吃這個，又想吃那個，可是肚子只有一個，好奢侈的煩惱啊，我會先點「八寸[15]」和我喜歡的氣泡酒。

註 15：一種懷石料理中使用的八寸大(二十四公分) 方形木盤，使用這種木盤盛裝的餐點，也稱之為八寸，通常是少量多種的山珍海味拼盤。

店裡以コ字形的吧台座為主，除此之外還有餐桌座位，可以服務各式各樣的客群，因此店裡也很熱鬧。有些只有吧台座的地方會讓人覺得喘不過氣來，不過「二條有恆」的氣氛並不會使人神經緊繃，就算是女性獨食客也可以放寬心享用美食，這種割烹真是不可多得。

割烹的精髓在於能看到精挑細選的食材在眼前經過巧手的調理，東吃西吃完之後，請一定要來碗「狸貓飯」收尾，這是「狸貓烏龍麵」的白飯版，也是這間店的招牌。

進居酒屋點餐前好像約定俗成會說「先來杯啤酒」，如果一間割烹能讓我說「先來份八寸」，我都會很珍惜這間店，而且「二條有恆」的八寸不只是前菜拼盤，他們把最鮮美的時令料理擺得漂漂亮亮，讓人看了更加興奮期待。「二條有恆」的八寸真的就是這種感覺，而且一人份是二千日圓，對我這種每一樣都想嚐一點的吃貨來說，這份八寸恰到好處。

有間開在洛北的「和食庵 Sara」雖然不算是割烹，不過他們也有把當季食材擺得漂漂亮亮的八寸，這是一道我每次去必點的夢幻料理。「和食庵 Sara」是間和食店，地點很方便，往返大德寺、今宮神社、上賀茂神社等的洛北名勝巡禮時可以順道去吃。店裡有吧台座、下凹式餐桌座位、榻榻米包廂等等各種座位，午餐時間也有營業，可以興之所至就來吃一頓。

不過如果有人想去割烹吃套餐，我會推薦開在「祇園石段下」附近巷子裡的「千 Hiro」。他們的餐點使用大量高檔食材，不會過度裝飾，卻又做得很精緻，讓人能盡情大啖當季的日本料理。如果你嫌單點麻煩，只想把這一晚的菜色交給老闆決定，去「千 Hiro」訂個位子會是最好的方法。

想把這一晚的菜色交給老闆決定，就去「千 Hiro」。

濱作（浜作）
京都市東山区祇園八坂
鳥居前下ル下河原町498
075－561－0330
075－561－1693
17時～不定
星期三、
每月最後一個星期二公休

和食庵Sara（和食庵さら）
京都市北区小山初音町9
075－496－1155
12時～14時
17時30分～20時最終入店）
星期一公休
（遇假日休隔天星期二）

二條有恆（二条有恒）
京都市中京区二条通
寺町西入ル丁子屋町
694－3
075－212－7587
aritsune.jp

千Hiro（千ひろ）
京都市東山区祇園町
北側279－8
075－561－6790
12時～13時※預約制
17時～20時30分
星期一公休

18 走進京都特色的料亭

料亭雖然也有吧台座，不過以榻榻米座位為主的料亭也滿不錯的，我認為吧台暗藏著「我們會端出美味料理」的決心，因此看得出這種料亭與一般以宴席為主的料亭有什麼差異。

如果希望在祇園這一帶找到比較正式的餐廳，而且餐點要美味的話，我想不到還有什麼更好的選擇了，我會推薦「祇園丸山」或「建仁寺祇園丸山」。

祇園丸山位於祇園的中心地帶，可以從八坂神社走路過去，店內有吧台座，可以感受到些許割烹的氣氛。「建仁寺祇園丸山」位於八坂通，可以就近看到五重塔，也設有茶室，是間集各種美於一身的數寄屋造[16]料亭。

餐點只有懷石料理[17]套餐和當季料理套餐兩種選擇，兩個套餐都能享用到料亭料理，不過要說丸山的特色菜，我想就是當季料理套餐了。

註 16：將茶室融入住宅的傳統和式建築。
註 17：懷石料理是在日本茶道中，進行品茗前所品嚐的料理，最基本形式為「三菜一湯」，主角是用完餐後品嚐的茶。到了現代，品茗的目的性已經薄弱了許多，許多店家所稱的「懷石」單純是「高檔日本料理」的意思，使用上也常常與同音的「會席料理」這種宴會料理混淆。

既然冠上了「當季」之名，時令食材扮演的角色當然就很重要。雖然每年不太一樣，不過十一月到二月是松葉蟹或河豚，三月是帶卵本諸子魚，四月是竹筍，五月是珠櫻鮨，六月是香魚，七到八月是灰海鰻，九到十月是帶卵香魚與松茸。怎麼樣？是不是看完口水也滴下來了？

我覺得割烹有而料亭沒有的，就是烹調過程中的躍動感。在割烹可以仔細觀察一道料理的完整烹調過程，料亭就只能看到烹調的結果。

「建仁寺祇園丸山」的榻榻米座兼具了兩者的好，讓人在榻榻米上的同時感受躍動片刻的樂趣。

以香魚為例，你會先看到香魚在像是江戶茶屋

「建仁寺祇園丸山」是集各種美於一身的數寄屋造料亭。

的那種金魚缸裡游來游去，接下來，會有廚師開始在庭園裡的爐子上烤香魚串。

廚師沒有用過多的裝飾鹽[18]，從頭部高空灑鹽，然後耐心烤魚，從榻榻米欣賞這個過程，讓我想到在花街柳巷揮霍的大爺，應該沒有比這個更奢侈的一餐了。房間壁龕掛著季節掛軸，掛花當然也很符合時令。除了這些飾品，還能看到煙霧在庭園裊裊升空，房裡只會傳來陣陣香氣，說這是人間美味應該也不為過吧。

然而這些只是丸山魅力的一小部分而已，除了餐點，無論是連番上桌用來盛裝料理的器皿或細緻的調味都無可挑剔，資深的老闆才會有這樣的廚藝和品味，也才端得出這樣的料理。

有些料亭位於西陣、宇治和伏見這些遠離市中心的地方，他們不但與當地有密切的關係，也深受挑嘴的大老闆們所青睞，其中一間就是「清和莊」。

「清和莊」的位置讓初次造訪的人都會訝異想說「這種地方有料亭嗎？」，不過只要踏進那個區域裡，你就會非常疑惑，不知該說是大隱隱於世，還是桃花源。

從交通方式來說，最近的車站是近鐵京都線的伏見站，車站徒步過來大概五分鐘。近鐵京都線與京都市營地下鐵烏丸線互通，因此搭乘地下鐵烏丸線可以不用換

註 18：又稱化妝鹽，指的是烤魚前在表面灑鹽巴，讓烤魚的成品更美觀，特別是指為了避免烤焦，而在魚尾或魚鰭抹滿鹽巴的處理法。

車，或者只要簡單換車就能抵達伏見站。從車站的小路直直往北走到盡頭，就會看到一個竹圍牆的宅邸。

這家店叫「清和莊」，初次造訪的時候，我非常意外，沒想到這種地方會有這麼氣派的料亭。他們的用地很廣大，不但有一片精心整理的日本庭園，還有好幾棟數寄屋宅邸般的房屋。

如今這樣的排場在京都也幾乎看不到了，不過這也難怪了，清和莊的地址「京都市伏見區深草越後屋敷町」，可見這一帶以前有很多氣派的宅邸（屋敷）。

「清和莊」最大的特色是寬敞的空間，京都的料亭很少有這種空曠的開放感。但空間也不是只有大而已，每個角落都可以看到細膩用心的擺設。店裡的氣氛高雅，難以想像總共有兩百五十席，而且可以欣賞他們用心照顧的日本庭園，一邊享用宴席料理，餐點也極為精緻，器皿的使用更是無可挑剔。

在「清和莊」欣賞被用心照顧的日本庭園，享用宴席料理。

「清和莊」還有天婦羅專用的吧台座，讓客人品嚐剛起鍋的天婦羅，搭配招牌的葡萄酒。雖然很希望「清和莊」離我家再近一點，但不免又想到，或許就是遠離了塵囂才有現在的「清和莊」吧，推薦各位不妨先從比較好入門的午餐來感受料亭氣氛吧。

祇園丸山
京都市東山区祇園町
南側570—171
075—525—0009
11時～13時30分
17時～19時30分
星期三公休
gionmaruyama.com

建仁寺祇園丸山
京都市東山区建仁寺南側
075—561—9990
11時～13時30分
17時～19時30分
不定期公休

清和莊
京都市伏見区深草
越後屋敷町8番地
075—641—6238
12時～22時
12時～15時30分
18時～22時
星期一公休（遇假日營業，休下一個星期二，年底年初公休，另有夏春公休日）
www.seiwasou.com/sp/

19 CP值高的老字號料亭

在京都吃日本料理大致上有兩種選擇，一種是割烹，另一種是料亭，然後硬要選的話，大多數人可能會選割烹。因為料亭精緻高檔又歷史悠久，門檻感覺就很高。岔題一下，有人會用「敷居が高い」表達門檻高的意思，不過這個日文用法是錯誤的。「敷居が高い」指的是對親朋好友有虧欠，因此覺得沒臉見他們。不要說有所虧欠了，根本沒去過的店不能用「敷居が高い」來形容，很遺憾報章雜誌的日文用法都是錯誤的。

回歸正題，對料亭敬而遠之或許是因為沒有相關的經驗，不過無法懂料亭的好實在太可惜了，因為在料亭可以體驗日本文化的精髓，這是在割烹絕對得不到的經驗。所以割烹和料亭有什麼樣的差異呢？

法律當然沒有硬性規定，我說的也只是泛論，大體來說，割烹是在吧台座和餐桌座位用餐，多數人共處一個用餐空間，料亭則是以榻榻米為主的包廂，或是在寬敞空間的餐桌座位用餐。雖然偶有例外，不過基本上就是這樣區分的。

料亭讓人敬而遠之的第一個理由，與格局上的問題有關。不少人對於要在玄關脫鞋進入室內都會有點排斥，畢竟越來越多房子沒有榻榻米的和室了，所以這是在所難免的，但是在玄關脫鞋後赤腳踩到地板瞬間的舒適感真的讓人難以忘懷。

還有一個原因，有些人是因為不知道規矩或者嫌麻煩才遠離料亭。在玄關脫鞋後不知道要不要擺齊、分不出上下座、不懂怎麼欣賞壁龕……料亭的榻榻米座位太不日常，容易讓人緊張起來。只要有欣賞這些地方的從容，就會發現沒有比料亭更放鬆的地方了。

講了這麼多，我想推薦一間很值得的料亭，下鴨神社附近的「下鴨茶寮」，它是在安政年間（一八五四～一八六〇）創業的老字號料亭。可能是因為下鴨茶寮位於洛北下鴨這個遠離鬧區中心的地方，因此走進玄關的感覺會比祇園的料亭輕鬆。店裡基本上是榻榻米座位，不過一樓有餐桌座位，不習慣的人可以先在這裡體驗一下料亭，如果喜歡，下次再到榻榻米座位享受全套的料亭精髓。

歷史悠久的「下鴨茶寮」近年經歷了很劇烈的變化。他們換了老闆，這樣的事在京都料亭界是很少見的，而且是身為節目企畫編輯和編劇的小山薰堂先生要成為「下鴨茶寮」的新任經營者，這是個大新聞，京都報紙甚至用晚報的頭版頭條報導。

薰堂先生在二〇一二年接任第六代老闆，經營了「下鴨茶寮」八年。過去曾被嘲諷是觀光料亭的料亭甚至獲得了米其林一星，薰堂先生成為老闆之後，我也一直很支持他們，摘星的事讓我多少有點自豪，覺得自己還算有眼光。

回到正題，現在「下鴨茶寮」最大的特色就是高度的自由。他們在守護日本料理傳統的同時，又順應時代推出創意料理，獲得男女老少各種客群的支持。

而在餐點推陳出新的同時，店面裝潢、擺設和器皿的使用又完全不失老字號料亭的格調，我很認同他們這樣的態度，於是常常去報到。

從京阪電車的出町柳站走路過去大概五分鐘，高

「下鴨茶寮」在守護傳統的同時，也順應時代的潮流開發創意料理，相當受歡迎

野川倒映出的「下鴨茶寮」還保有往昔的模樣。從玄關穿過飄揚的大門簾進到店內，巨大花瓶中的季節花草會探出頭來迎接。因為是料亭，基本上就會在大小各異的包廂中用餐，不過你也可以選在名為大廳的西式房間輕鬆享用餐點，不需要脫鞋。值得一提的是，大廳與其他房間都能在用餐的同時，欣賞精心照顧的庭園、高野川和綠意盎然的東山。高野川與賀茂川合流之後成為鴨川，這條平穩的溪水能夠療癒我們的視覺與心靈。

「下鴨茶寮」不是割烹，因此沒得單點，不過他們中午會提供六千五百日圓的套餐，讓人享用價格親民的料亭餐點。「下鴨茶寮」不搞排場，但餐點也不是隨處都吃得到的廉價品，這種知所進退的表現讓人感到自在，我可以放心推薦給所有人。

下鴨茶寮
京都市左京区下鴨宮河町62
075－701－5185
午餐11時30分～15時
晚餐17時～21時
星期二公休

20 帶著京都的便當出門去

有一樣東西，因為疫情而受到了矚目，那就是便當。

如果不能外食，又想在家吃大餐，最方便的選擇就是名店推出的便當。雖然沒什麼好與便利商店的便當相提並論的，但即便價格是便利商店的好幾倍，只要想到這是在餐廳吃的餐點，就會覺得物超所值了。

近年內用也能吃到便當了，不過便當本來就是出門在外吃的東西，因此什麼季節就會有什麼便當。

據說寺廟「知恩院」的祭儀活動就是季節便當的起源，因此區區一個便當的由來也有很大的學問。話要從知恩院的「御忌參拜」說起，這是以前廟方在正月舉辦的祭儀活動，民眾會穿正式服裝，帶著便當出門參拜，因此也稱之為「便當始」，十月二十五日舉辦的「別時念佛會」則稱為「便當納」。到了明治時代，御忌參拜改到天候較佳的四月進行,「便當始」也一併改到四月了。

把法然上人(一一三三~一二一二)的忌日當作決定便當季節的標準,真的是很京都人風格的習俗。無論如何,便當真正的美味一定是在戶外才吃得到,而不是內用,而且最好避開最冷與最熱的時期。

每次去百貨公司地下的賣場總會眼花撩亂,各式各樣的店家推出各式各樣的便當爭奇鬥豔。割烹、料亭和高檔餐盒店的便當大概是兩千到五千日圓左右,中間價位大約是三千日圓。

很不好意思要這樣說,但是每間店的便當都大同小異,外觀沒有什麼差異,就是塑形的白飯、什錦炊飯、糯米飯或散壽司等飯類,再搭配烤魚、高湯蛋捲、燉菜等配菜,是所謂「幕之內便當」的主流組合。

人各有所好,要怎麼選擇當然也是個人的自由,不過我還是覺得術業有專攻,所以我的第一選擇是高檔餐盒店,第二是料亭,最後才是割烹。

我常常提到,便當的烹煮與調味法是不同於內用的餐點的,最關鍵的地方在於:放久了冷掉之後,吃起來是不是依然美味。

割烹看重的是剛出爐的料理，因此對便當不熟悉是很自然的，我的首選是高檔餐盒店也是因為他們沒有內用座位，而許多料亭會兼做外送，因此是我的第二選項。壽司外帶也是同樣的情況，握壽司是剛握好的最美味，因此相比之下，過了一段時間更好吃的箱壽司或押壽司更適合裝木盒外帶，相信對此沒有人會有異議吧，畢竟後者煮壽司飯的時間、壽司醋的搭配都會以外帶為主要考量。

高檔餐盒店是非常有京都風格的工作，京都從以前就比其他地方更常能見到這種店家。

京都人要招待客人的時候，比起外食更傾向邀請客人來家中作客，然後端出高檔餐盒店的料理，因為我們認為這樣的招待比外食更鄭重其事。即便是我們家，以前也與三、四間高檔餐盒店配合過，祖父會依來作客的人選擇要訂哪一家店。如果是大老闆的家裡，應該會與更多家高檔餐盒店來往吧，名單從高檔餐廳到附近比較簡單的店家都有，以款待的鄭重程度去選擇。

因此當時京都有許多高檔餐盒店在互相競爭，不過在時代浪潮的拍打下，店家漸漸變少，如今高檔餐盒專賣店也驟減了。在這樣的時局中，歷史悠久的「辻留」和

「菱岩」可以並列兩大龍頭，這兩間都沒有座位，一直在做外帶和外送的外食生意。兩間店公認不相上下，可見他們的便當是保證美味的。「辻留」位於花見小路通以東，開在三條通上，店面古色古香。事先訂餐再去店裡拿，會比去百貨公司地下室買更有外帶的氣氛，我比較推薦。只要事先訂好，就算只訂一個餐盒他們都會爽快接單。

便當可以在飯店房間吃，不過在戶外吃感覺會更美味，這就是所謂的便當。便當沒有譁眾取巧的派頭，只有精緻的季節色彩妝點，不但看起來美麗，吃起來也美味，而且完全符合避免在密閉空間群聚的條件，以後更是便當的時代了。

辻留

京都市東山区三条通大橋東入三町目16

075－761－7619

9時～18時

不定期公休

www.tsujitome.com

菱岩

京都市東山区新門前通大和大路東入ル西之町213

075－561－0413

11時30分～19時

星期日，每月第二與最後一個星期一公休

（另有不定期公休）

hishiiwa.com/ja/

21 京都的水造就美味的豆腐

豆腐可說是京都代表性的名產，應該有不少人都覺得來到京都一定要吃豆腐。超市的豆腐櫃可以看到一整排名為「京豆腐」的豆腐，在京都製作的豆腐好像全都是「京豆腐」，不會過問原料的產地。

也不只是豆腐，只要冠上「京」的食品就會有一定的宣傳效果，但這些是不是真的都足以代表京都，很多時候要打一個問號。不過意外的是，很多正牌的京都貨是不會冠「京」的。

嵯峨「清涼寺」門前有一間名為「嵯峨豆腐森嘉」的豆腐店，這間店引領了京豆腐的熱潮。

「吃過森嘉的豆腐，就吃不了其他家的了。」

讓京都人如此稱頌的豆腐兼具老豆腐的彈性與嫩豆腐的滑嫩，這種口感與豆子本身的香氣得到了廣大京都人的熱烈支持。

很多商家就搭上這趟順風車，推出名為「京豆腐」的豆腐，不過始祖級的「嵯峨豆腐森嘉」原本就是叫「嵯峨豆腐」，沒有用「京」這個字。

既然本來就是京都的店，自然不用畫蛇添足加上「京」這個字，嵯峨這個具體的地名對京都人來說反而更好理解。也就是說會特別強調「京」的店家，做的很有可能是非京都人的生意。

吃嵯峨豆腐會讓人大開眼界，你會發現豆腐竟然是這麼美味的東西，重新認識豆腐。其實不需要特別跑去嵯峨，在「大丸」等幾間店家都有賣，可以去問問看。

如果想知道其他推薦的京都豆腐，我會推薦北野天滿宮附近的「豐受屋山本」和京都府廳附近的「入山豆腐店」。這兩間的豆腐都有很濃厚的豆香，感覺真的是在吃豆腐。每次吃，我都會覺得京都的豆腐確實好吃。

「嵯峨豆腐森嘉」的豆腐帶有豆香，得到了廣大的支持。

京都的豆腐為什麼好吃呢？答案很單純，就是「水」，京都的水成就了京都豆腐的美味。豆腐這種東西是用大豆和水做成的，這兩樣原料決定了豆腐的味道。大豆的品質當然也是重要的因素，不過似乎並不是用了京都產的大豆就能做出美味的豆腐。京都的豆腐店異口同聲表示，「水」是更關鍵的因素。

京都的水大致分成三種。第一種是發源自東、北、西方群山的山泉水；第二種是京都盆地底下蘊含的地下水，這又分成淺的井水與岩盤深處的水體，據說岩盤深處蘊含的地下水，多到可以匹敵琵琶湖的總水量；第三種是琵琶湖疏水，這是明治時期的重大工程，讓許多人因此受惠，琵琶湖疏水除了留住極其優質的水與豐沛的水量，也是京都更加美味的幕後推手。

有人說京都的豆腐店大多是用井水，不過也有不少店像「豐受屋山本」一樣，是用自來水做豆腐。

提供京料理的店家也一樣，不少餐廳除了井水和泉水，也會用自來水烹調，京都的供水線真是不容小覷。京都市的自來水是硬度四十左右的軟水，同樣是軟水，關東地區的自來水硬度就超過了六十，差異非常大。用了同樣的大豆，豆腐的完成品卻有味道之差，可能就是這個因素吧。

雖然有些地方像「黑豆豆腐」一樣堅持使用丹波產的豆子，不過大多數的店家還是用京都外的土地採收的大豆，而我前面也說過了，京都豆腐會美味並不是因為豆子特別優質。

再補充一點，京都人自古以來就精心製作了各種東西，我覺得是京都人的DNA造就了這些美味的食物，不只是豆腐如此，京都的所有食品都不例外。

回來說豆腐，要直接品嚐豆腐的美味，吃原味是最好的選擇，夏天就吃冷豆腐，冷天裡就吃湯豆腐。

我推薦一間在天龍寺境內，可以吃到「嵯峨豆腐森嘉」豆腐的餐廳「西山艸堂」，用親民的價格就能品嚐樸實無華的湯豆腐。另一間是嵯峨鳥居本的「平野屋」，去嵯峨野散步的途中，正好可以來吃一頓午餐。

嵯峨豆腐森嘉
京都市右京区嵯峨釈迦堂藤ノ木町42
075－872－3955
9時～17時
星期二公休
sagatofu-morika.co.jp

入山豆腐店
京都市上京区東魚屋町347
075－872－3955
星期四、五、六公休
10時～18時

平野屋
京都市右京区嵯峨鳥居本仙翁町16
075－861－0359
11時30分～21時
無公休
ayuchaya-hiranoya.com/info/

豊受屋山本（とようけ屋山本）
京都市上京区七本松一条上ル滝ケ鼻町429－5
7時～18時
無公休
075－462－1315
www.toyoukeya.co.jp

西山艸堂
京都市右京区嵯峨天龍寺芒ノ馬場町63
075－861－1609
11時30分～17時
星期三公休

22 「野呂本店」的京漬物僅此一間，別無分號

如果要你們講一個京都的名產，你們會想到什麼呢？應該很多吧，可能多到難以選出其中一個。京都名產就是這麼多，畢竟大部分的東西只要冠上「京」，就會變成京都名產。

京豆腐、京豆皮、京蔬菜、京菓子……根本舉都舉不完，講難聽一點，我很懷疑這其中有多少真的是京都的名產。

當然有很多是真的，不過搭順風車的也不在少數，因為同樣的東西冠上「京」就能抬高身價，賣得更貴一點。

以京蔬菜來說，京都府定義為「京都的傳統蔬菜」，並會將符合的食品命名為「京都品牌產品」進行認證，但是上有政策，下有對策，沒有萬無一失的辦法，因此當作是一個籠統的概念會比較好。

最常見的京都品牌，可能就是京漬物了吧，很多人異口同聲說京都的醃漬物很好吃，我也有同感。當然每個地方都有在地傳統的醃漬物，滋味也都豐富無窮，不過如果要有千變萬化的種類，還要能發揮蔬菜原始滋味，不是我誇張，除了京漬物應該就不作他想了。

京都人平常就常吃醃漬物，可能也因此就常有吃茶泡飯的機會，於是衍生出了「京都茶泡飯傳說」。電視綜藝節目中常會提到「京都茶泡飯傳說」，用這個故事調侃京都人的笑面虎性格已經是一種約定成俗了。

既然是一個很主流的故事，大部分人可能早有耳聞，我就為還不知道的人簡略說明。故事要從一個人在中午時間拜訪了京都朋友家說起。

他們聊了很久，剛好到了午餐時間，此時京都人問：「你不嫌棄的話，要不要吃個茶泡飯？」

茶泡飯通常都會配醃漬物吃，訪客想到可以吃京都特有的美味醃漬物而相當開心，可是後來不管等了多久，別說是醃漬物了，連茶泡飯都沒有端出來。他以為是自己聽錯了，一頭霧水地離開後，別的京都人訓斥了他。

「你什麼都不知道啊，問你要不要茶泡飯，是在暗示你快點走啦，京都人不會直接趕人走，而是透過茶泡飯優雅地下達逐客令，你要是當真了在那邊等只會自取其辱，不管等多久都不會上茶泡飯的。」

這個故事可能是想說拐彎抹角試探別人的京都人是笑面虎，不過該說錯得很離譜嗎？其實這是誇張不實的都市傳說。

京都人確實偏好委婉的表現，不過這是避免產生無謂衝突的生活智慧。而且在那種時間造訪別人家的設定本來就有點不合理了，真正的京都人更不會失禮到把自家簡陋的餐點端出來招待友人。

正統京漬物的極致美味，「野呂本店」的「京茶泡飯組」。

我扯太遠了，回來講京漬物吧。

為什麼京都的醃漬物會好吃呢？一個原因是蔬菜的品質好，另一個原因是食材用到精光不留廚餘、節儉到極致的京都習俗。更進一步來說，可能是因為京都的庶民生活以儉樸為重，習慣用有限的配菜解決一餐。

如今雖然很少見了，不過大部分京都人家的廚房都有米糠床，在家裡自製米糠醃菜是很稀鬆平常的事。既然醃漬物是這麼日常的東西，去店裡買就需要謹慎再謹慎，有人還會有自己常去的醃漬物店名單，既然每一樣醃漬物都買得很小心，自然只會有好吃的店留下。

從一開始就想打「京都名產」這種噱頭而製作的量產品，與街頭醃漬物店賣的東西，還是不要混為一談比較好。以前京都街頭到處都有醃漬物店，但也許是因為飲食生活的改變，這些店現在幾乎都消失無蹤了。而保留舊時光面貌，又很適合讓觀光客當伴手禮購買的，就是「野呂本店」的京漬物。

從寺町今出川往北走，「野呂本店」開在出町桝形商店街附近，他們的醃漬物真的很美味，不但有家常口味的自然溫潤，又展現出專家特有的手藝，店門口陳列的所有醃漬物都是正統京漬物的極致美味。

雖然店名中有「本店」兩個字，但是這間店沒有其他分店，百貨公司樓下也沒有專櫃，要買只能來這裡買，這也是我推薦的一個原因。

野呂本店
京都市上京区寺町通今出川上る
立本寺前町77
0120－33－0749
9時～18時
1月1日～4日公休
www.norohonten.co.jp

23 請吃真正的「京都和菓子」

京都之旅結束後，在踏上歸途的路上，很多人會經過JR京都站，而在這裡買的伴手禮大多應該都是京菓子。環顧整個伴手禮賣場，會看到多到讓人驚嘆的京菓子，仔細觀察，會發現有很明顯的區別，有些地方門庭若市，有些地方門可羅雀，可見還是有熱不熱門之分。

熱門的是俗稱「和風甜點」的店家，這些店賣的東西大多無法區別是日式或西式，與傳統的京都和菓子略有不同。我並不是很喜歡這種和風甜點，希望可以黑白分明一點，和菓子就是和菓子，洋菓子就是洋菓子。

可能有人會說這種觀念太過時了，不過我相信飲食文化傳承的重要任務就是守護和菓子的傳統，因此我會一直說下去。

京都的和菓子店大致分成三種。

一種是茶席這類地方使用的上等生菓子[19]，開在洛北紫野的「嘯月」、松原通室町的「末富」和京都御苑附近的「松屋常磐」都是代表例子。雖然有些是例外，不過這種店又稱為「座賣(座売り)」，店面不會陳列商品，只會交付預約訂好的商品，想要購買上等生菓子就需要事先訂購。

第二種是街頭的和菓子店，這裡買東西可以比較隨性，生菓子、乾菓子[20]、麻糬類菓子等各種和菓子都會陳列在店裡。

在地京都人也很熟悉這種類型的店，而且他們會賣很適合當京都伴手禮的和菓子，因此我推薦開在洛北的「紫野源水」。這裡不是座賣，可以輕鬆買到和菓子，而且上等生菓子和乾菓子都很高檔，在茶會上也常常使用。

金團[21]和練切[22]這種有品牌的上等生菓子，特色是會把季節形象以抽象的方式表現出來，提供茶席上聊天的話題。

而乾菓子大多是具體的，製作得非常精緻，讓人一看就知道是什麼。無論如何，細膩表現出季節遞嬗就是和菓子的最大特色。

這是和菓子與和風甜點最大的差異。

註 19：含水量 30% 以下的和菓子。
註 20：含水量 10% 以下的和菓子。
註 21：日本正月的年節料理，通常是用田煮地瓜或是栗子磨成泥，在揉成團製成。
註 22：練切是在白豆沙餡中加入砂糖、日本薯蕷等食材製作，口感如麻糬般柔軟有彈性。

正如其名，甜點指的是所有的甜食，加上「和風」這個詞，聽起來就像是「和菓子」一樣，如果再加上抹茶的綠色，難免會讓人誤會這就是和菓子。

近年掀起了刨冰風潮，如果刨冰也能歸在和菓子的範疇，希望能限定是夏天的食物，畢竟在俳句的世界裡，刨冰是夏天的季節語。

為什麼刨冰會掀起這麼大的風潮呢？想必是因為可以拍出網美照吧。網美照的食物好像有一定的法則，我認為就是堆積如山的構圖。因為網美照而熱門起來的包括了烤牛肉丼、堆成小山的叉燒拉麵、大聖代等等，大多都是堆成一座小山，看了會很吃驚的食物。

我覺得最近京都很紅的蒙布朗也是其中之一，在客人面前製作的過程又很適合拍成影片。表演過程有時候是滿好看的，可是這與和菓子的本質是兩碼子事，希望各位記住。

再來，第三種和菓子店應該更多人知道，就是麻糬店。

麻糬點心幾乎不會在茶席中使用，但是是非常適合當點心的和菓子，而且價格大多便宜，很適合當作小小的伴手禮。

我很喜歡麻糬，因此擅自在此選了「京都五大麻糬」。上賀茂「神馬堂」的「烤麻糬」，對開在今宮神社參道的「一和」和「錺屋」的「炙烤麻糬」，「出町雙葉」的「豆麻糬」、寺町「大黑屋鐮餅本鋪」的「御鐮麻糬[23]」、北野「澤屋」的「小米麻糬」。當然還有其他好吃的麻糬店，不過如果要選五個，我的名單應該是這個。

這些名聞遐邇的店常常會大排長龍，而且手工點心常常很快就賣完，此時不如爽快放棄，去找其他店吧。京都市區還有很多店名有「麻糬（餅）」的店家，「鳴海餅」、「大力餅」、「千成餅」、「相生餅」……很多店家可以同時吃到紅豆飯或烏龍麵，不妨去嘗試看看吧。

註 23：柔軟全白的麻糬，內餡是清淡黑糖口味的自製豆沙，形狀細長類似鐮刀，因此得名。

末富（本店）
京都市下京区松原通室町東入
075－351－0808
9時～17時
星期日、國定假日公休
www.kyoto-suetomi.com/shop/

紫野源水
京都市北区小山西
大野町78－1
075－451－8857
9時30分～18時30分
星期日、國定假日公休

出町雙葉（出町ふたば）
京都市上京区出町通り
今出川上ル青竜町236
075－231－1658
8時30分～17時30分
星期二與每月第四個星期三公休（遇假日休隔天）

澤屋
京都市上京区北野天満宮前
西入紙屋川町838－7
075－461－4517
9時～17時
星期四、每月26日公休

松屋常磐
京都市中京区堺町通丸太町下ル
橘町83
075－231－2884
9時～17時
無公休

神馬堂
京都市北区上賀茂御薗口町4
075－781－1377
7時～16時（售完為止）
星期二下午、星期三公休

大黑屋鎌餅本鋪
京都市上京区寺町通今出川上る
4丁目西入ル阿弥陀寺前町25
075－231－1495
8時30分～20時
每月第二、四個星期三公休

嘯月
京都市北区紫野上柳町6
075－491－2464
9時～17時 全預約制
星期日、國定假日公休

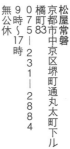

第三章

在京都
想吃什麼　都有

京都人的食物愛好，京都人的料理偏見，
我常常放在心裡，這次就好好解釋說明一番，
你可能會發現京都人會把不同的料理發展成很「京都」的風味，
究竟是怎麼一回事？看下去就知道了。

24 京都的洋食現場

京都在歷史上本來就有興有衰，但沒想到現在會面臨這麼巨大的歷史轉捩點，雖說也不只是京都如此，不過整個京都街頭都改頭換面了。

人流的變化也很大，以身邊的事情來說的話，餐飲店的改變實在讓人無比驚訝，而且如今令和二年的秋天，這個情況依然是現在進行式。我不免擔心，未來是不是還會有很多變化的浪潮席捲餐飲業。

我常去的店都被捲入了這波浪潮，有幾間店也吹起了熄燈號，讓我傷心欲絕。其中一間是位於堀川六條的西餐廳「六堀」。

京都很多西餐廳都是家族經營的小店，不過這間「六堀」以前是做法國菜的，因此店面很大，不但適合多人聚餐，一個人去也能吃得盡興，進可攻退可守，一直是我的口袋名單，應該很多人聽到熄燈的消息都相當沮喪吧。

聽說在「六堀」的廚房大展伸手的主廚，到四條河原町附近開了間小小的西餐廳之後，我立刻去拜訪，發現這是間非常讓人欣喜的店。

從京都第一鬧區四條河原町往南走，左轉進入小巷子，眼前有一棟建築物，店家就位於二樓。這間西餐廳名為「食堂 Days」，座位可能大概只有「六堀」的幾分之一。吧台變成開放式廚房，從廚房就能環視整個座位區，店面滿小的。菜色當然是以單點為主，不會被以主廚推薦之名，行強迫推銷之實。紙本菜單和黑板菜單上羅列的西餐點，既平價又很常見。

馬鈴薯沙拉和通心粉沙拉在舊店就是招牌菜，「食堂 Days」當然也留了下來。一邊吃沙拉，一邊喝氣泡酒，一邊決定今晚的菜色，這就是「食堂 Days」的風格。

在吃完義式生薄片或烤牛肉這些冷盤之後，接著就是西餐廳重頭戲的炸物在等著了。要吃炸蝦、炸豬排還是炸鮭魚，真是難以抉擇啊。最後要用哪一道收尾呢？小份的咖哩飯？蛋包飯？這一題已經夠傷腦筋了，「食堂 Days」還有讓人更頭痛的選項：「獨享鍋」。用江戶時代一點的詞彙就是「小鍋立」。這是日式旅館的晚餐中會出現的小砂鍋料理，以鰻魚或雞肉鍋收尾是以往的西餐廳沒有的新風格，吃起來特別愉快。

「食堂 Days」不會自囿於西餐的框架之中，他們讓客人以自己喜歡的方式吃美食，因此是最適合一個人的京都行中來訪的西餐廳。

除此之外，「洋菜 Waraku」也是我以前常常會去報到的口袋名單。它開在丸太町通的府廳前路口，我在這裡用餐過無數次，家庭聚餐、朋友聚餐或開會等等，留下了很多的回憶，很可惜這家店後來也熄燈了。

「洋菜 Waraku」的主廚也自立門戶，同樣在京都御所對面的丸太町通開了間小店。店名「料理・葡萄酒 茨木」取自主廚的姓氏，這間店與「食堂 Days」相同，可以一邊享用好幾種前菜與葡萄酒，一邊挑選豐富的主餐，然後煩惱最後要以哪一道義大利麵收尾。茨木比食堂 Days 更接近法式小餐館（bistro），特色是菜單中還有水餃、醬油溏心蛋這種風格迥異的選擇，為什麼會有這些神奇菜色的存在？謎底就在於他們的午餐。

他們午餐竟然只有賣中華蕎麥麵，麵有白與黑兩種，前者是雞，後者是鴨，到了晚上，麵的配料就成為葡萄酒的良伴了。

京都以前應該沒有出現過這種風格，白天賣中華蕎麥麵，晚上是葡萄酒法式小餐館，真是一間為我量身打造的店。

疫情雖然造成餐飲業莫大的傷害，但是還是有人不輕言放棄，不但開了新店，還推出全新類型的餐點，讓我覺得前途是一片光明的。我衷心希望，這些店永遠都不會一位難求或大排長龍。

食堂 days（食堂デイズ）
京都市下京区河原町通四条下ル
2丁目稲荷町330－3
しきさい河原町ビル2F
075－744－0191
11時30分～14時30分
18時～21時30分
星期三、星期四公休

料理・葡萄酒 茨木
（料理・ワイン イバラキ）
京都市中京区丸太町通高倉西入
坂本町701
075－211－5030
11時30分～14時30分
17時30分～23時

25 洋食經典菜色請來這裡吃

京都的洋食餐廳從以前就大致可以分成兩種。一種是工人可以隨性吃一頓的洋食屋，主要賣的是飯食或定食類，後來在京都唸大學的學生也會來這一類的洋食屋，因此餐點通常需要便宜又大碗。

發源自西陣的「Kitchen GON」大概就是這一類的典型代表，除了有賣漢堡、炸蝦的雙拼定食，最熱門的是招牌菜「咖哩炸豬排炒飯」，豬排、炒飯與咖哩三合一，份量十足。從事傳統產業的工匠與感覺才入學沒多久的學生並肩坐著一起吃這道餐，實在是經典的京都洋食現場。

開在下鴨住宅區的「Norakuro」也可以讓人在家庭聚餐的氣氛中，輕鬆享用西餐，這間店的招牌是「土耳其飯」，長崎有一種特色料理也叫這個名字，不過兩者的內容物不太一樣。

「Norakuro」的可以說是西式豬排丼，也可以說是豬排蛋包飯，用蛋包裹住番茄醬飯，放上一口吃的豬排，最後淋上多蜜醬。這裡也會看到應該是教授的年邁紳士，在津津有味享用招牌菜的學生旁邊品嚐A定食。

還有另外一種洋食屋開在花街附近，是許多大老闆的愛店，也就是所謂的「大老闆西餐」。

昭和三十八年（一九六三）出版的美食指南書先驅名著《京味百選》中，記載了當時熱門的兩間洋食屋。這兩間店都不在了，可是都是受到眾多饕客愛戴的名店。

一間是位於祇園富永町的板前西餐廳「Tsubosaka」，吧台座裡面設有廚房，廚師會在客人面前製作餐點，名符其實的「板前」餐廳。因為地緣關係，在這裡常看到舞妓或藝妓[24]，店家會把可樂餅做小一點，方便她們的櫻桃小口食用，也會在用餐時間最後端出茶泡飯作收尾，令人印象深刻。

另一間是「牛排Suehiro」，這間店開在河原町通上，從四條通往北走，右手邊就是了。一如店名所示，這裡的招牌正是牛排。碳火網架烤過的牛肉伴隨著咻咻的聲音上桌，讓人忍不住一直吞口水，這些事都還像昨天發生的一樣，歷歷在目。

註24：「舞妓」是見習中的藝妓，「秃」是見習中的遊女，藝妓賣藝，遊女賣身。

除了牛排，細火慢燉的美味燉牛肉，以民間工藝統一的內裝和使用棟方志功（一九〇三～一九七五）的版畫設計的ＬＯＧＯ都很美。

不過我介紹這兩間不復存在的洋食屋，不只是為了要緬懷過去而已，我想說的是，這兩間店的流派後繼有人，如今都在京都做得風生水起。

繼承「Tsubosaka」這一派的是開在清水三年坂小巷子裡的「洋食店 Mishina」，「Tsubosaka」的主廚開了這間店，後來交棒給兒子經營到現在。他們的套餐是燉牛肉、炸牛肉或照燒牛等經典西餐搭配茶泡飯，相當受歡迎，時不時就會出現排隊的人龍，很適合在參拜完清水寺之後，來這裡吃頓午餐。

繼承「牛排 Suehiro」的則是「牛排 Sukeroku」，「Sukeroku」位於洛北，也在金閣寺和平野神社附近，在這附近觀光的話可以把它放進口袋名單。

Kitchen GON
（キッチンゴン西陣店）
京都市上京区下立売通大宮西入
浮田町613
075－801－7563
星期一～五11時～14時30分
星期六、日11時～21時30分
星期三公休

洋食店 Mishina
（洋食の店みしな）
京都市東山区高台寺二年坂畔
075－551－5561
12時～14時30分
17時～19時30分
星期三、每月第一、三個星期四
公休（遇假日休隔天）

Norakuro **（のらくろ）**
京都市下京区西七条
石井町55
075－314－8435
星期三～日11時30分～13時30分
星期二～日17時30分～22時
星期一公休

牛排 Sukeroku
（ビフテキスケロク）
京都市北区衣笠
高橋町1－1－26
075－461－6789
11時30分～14時
17時30分～20時30分
星期四、不定期公休

26 京都人對牛肉的愛

近年京都人對肉的喜愛已經越來越廣為人知了，可能是因為介紹地方獨特飲食習慣或文化的電視綜藝節目，三番兩次以京都的鄉土料理為主題吧，也可能是因為雜誌做過「京都的肉很美味」的特輯，還有人開了京都風格的肉類割烹店。

講到京都的肉，所有人都知道是在指牛肉，不需要特別強調是「牛肉」，只要說「今天來吃肉吧」，就一定是牛肉，不可能是豬肉或雞肉。

因此京都的炸牛排比炸豬排更普遍，炸牛排京都人會簡稱為「炸牛（ビフカツ）」。馬鈴薯燉肉當然也是用牛肉，京都家庭或店家都不會做馬鈴薯燉豬肉。

進一步說，喜歡牛肉並不是因為牛肉很高級，不是貴的就是最好的，正確來說，應該是牛肉很常見所以愛牛肉吧。舉個例子來說，在我小時候那個時代，京都人所謂的炸物三明治很理所當然是炸牛肉，不管西餐廳或有點規模的喫茶店都不例外，京都家喻戶曉的麵包店「志津屋」也是。他們有一個商品就是叫「元祖炸牛排三明治」，炸豬排的三明治真的很少見，雖然偶爾在展示櫃裡可以看到，但是不要意外，炸豬排反而比較貴，東京人看到都會震驚不已。

為什麼牛肉在京都這個地方會這麼普遍呢？其中一個原因是地利之便。日本三大品牌牛是哪三大有很多種說法，不過通常是指松阪、神戶（但馬）和近江，而京都正好位於這三點連線的三角形之中。

幾年前我猛然發現這件事，並將這個三角形命名為「品牌牛三角」，這就是京都人喜歡牛肉、京都牛肉美味的第一個原因。

另外一個原因是歷史背景。京都執拗地守護了自古流傳的傳統，但同時又是出了名地喜歡新東西。不能說溫故知新，應該要說是溫故創新，積極接受新事物的風氣已經長年在京都生根了。

換句話說就是京都民眾喜歡西方文化，在文明開化[25]的同時馬上接受了肉食文化。正如我前面所說，既然美味的牛肉很常見，喜歡西方文化的京都人馬上就開拓出一條「牛肉即美食」的路線，而且延續了很久，絕對不是一天兩天的事。

註25：明治時期西方文明傳入日本，造成日本制度與習慣產生巨變的現象。

我認為肉食文化的起源應該是以壽喜燒為代表的肉鍋，後來隨著西餐的發展，餐點的重頭戲就轉為牛排了。後來鐵板燒這個形式又普遍了起來，再加上韓式烤肉等等，種類越來越豐富。

京都也經歷了同樣的歷程，戰後的京都街頭到處都有燒烤店開張，不過硬要說的話，最初的燒烤和烤雞肉串一樣是比較接近下酒菜的食物，一般認為是男生在吃的。為燒烤撕下這個標籤的是一九六五年，東京奧運的隔一年，在四條川端以南開張的「天壇」。

當時「天壇」這種店很少見，不過可以一家團圓吃燒烤的型態很快引起熱潮，「天壇」也一舉成為京都的名店。我初次造訪「天壇」是在一九七二年，那時我大概二十歲，代表到現在我已經吃了將近五十年，但是「天壇」基本的形式與味道都沒有改變。

天壇最大的特色是「洗醬」這種調味沾醬，晶瑩剔透的黃澄澄沾醬，味道如同高湯一般細緻。經過濃郁的醃醬醃過的肉品，先放在網架上烤，再進洗醬中涮一下後吃，這就是「天壇」風格的吃法。吸飽醃醬的烤牛五花和牛里肌，只有外側裹上薄薄的一層沾醬，因此味道在清爽和濃郁之間取得了絕佳的平衡，吃再多都不會膩，當然這也是因為他們用的是上等的牛肉。

講到京都的飲食，我們想到的總是清爽的和風料理，不過請各位務必也來品嚐牛肉料理，而且在「天壇」本店能俯瞰鴨川，同時享用京都風格的燒烤，是我最推薦的店。

在「天壇」本店俯瞰鴨川，品嚐京都風格的燒烤。

天壇祇園本店
京都市東山区宮川筋１丁目225
050－3185－6629
星期一～星期五17時～24時
星期六、日、國定假日11時30分～24時
無公休
www.tendan.co.jp/gion/

27 吃牛肉是京都人的日常

我在前面也提過了，京都有很多美味的牛肉，因此京都市區常常能看到販賣嚴選牛肉的肉販。小時候我家附近沒有什麼超級市場，要買肉一定要去找肉販，而且要去買肉的一般認為是長男，我猜這一定是為了培養兒子辨識好牛肉的眼力，也許可以說是種飲食的菁英教育吧。

我家附近有間很受歡迎的肉販叫「Kazusaya」，從小學開始，去那裡買肉就是我的任務。

「我要買壽喜燒用的肉六百公克。」我把父母所說的話轉告老闆。

「宴客嗎？還是家裡自己吃？」老闆從展示櫃後方問我。

「不是宴客，是家裡要吃的。」我回答完後，老闆就打開裡面的儲藏庫，拿出一塊發黑的肉塊給我看。

「不好意思這看起來黑黑的，不過如果今晚要煮壽喜燒的話這個最好吃，要宴客的話，我就給你漂亮的紅肉。」他說完就把牛肉塊放進機器切，我買了牛肉片回家後，家父盛讚說「買的是好肉」。

那就是現在所謂的熟成肉吧，京都的小孩從小就在培養辨別牛肉好壞的能力，因此肉販做生意也不能心存僥倖。

在超市或百貨公司地下街的攻勢下，街頭的肉販已經漸漸消失了，可是有些肉販還是會大排長龍。從千本三條往東走就會看到「Meat Shop Hiro」，這間肉販非常熱門，京都的愛肉族都知道。他們比起產地更重視新鮮度，而且會直接採購整頭黑毛和牛來賣，因此定價很合理，一直有源源不絕來自遠方的客人來找美味的牛肉。

直營的燒肉店「燒肉 弘」就是使用這裡的肉品，當然沒有不好吃的道理。除了本店外，還有「京的燒肉處 弘」、「京燒肉 弘」、「燒肉 弘商店」三種類型，每間店都可以享用不同氣氛的燒肉。分店總共超過十間，我自己常常去的是「八條口店」，因為這裡有面壁的吧台座，可以用合理的價格在輕鬆的氣氛中獨自享用燒肉。

如果想與親朋好友在有點奢侈的氣氛中吃燒肉的話，我推薦先斗町或八坂通的

「京燒肉 弘」。

我與「燒肉 弘」是在二十年前左右相遇的，木屋町三條的「燒肉 弘」菜單中有一道名為「史上最強的牛里肌」的餐點，不但價格合理，又極其美味，讓我相當感動，二〇〇三年我便在拙作《京都的價格（京都の値段）》中介紹這間店。

在此之後，我又在「燒肉 弘」吃了幾次燒肉，他們從來沒有一次辜負我的期待。

講到我與美味牛肉的相遇，我第一個想到的是「十二段家本店」的涮涮鍋。從花見小路四條往南走，第二條小路左轉，開在這裡的「十二段家本店」是我祖父特別喜愛的店。每當他帶我到這裡的那一天，我總是從早就一直雀躍不已。

祖父熱衷於柳宗悅提倡的

「京的燒肉處 弘」八條口店用親民的價格就能獨自大啖燒肉。

民藝運動，他熱愛每個角落都有民藝妝點的「十二段家本店」，不過他會帶我來這種對小孩而言太過奢侈的店，我想是為了讓我見識正宗的民藝和真正美味的牛肉吧。

以漂亮的古伊萬里[26]大盤盛裝的前菜也是「十二段家」的特色美食，接在前菜後端出來的沙朗涮涮鍋可以嚐到牛肉的極致美味，人稱不外傳的芝麻醬更是好吃到讓人想單把沾醬舔個精光。

在這樣裝潢精緻的店裡享用的美食絕對不便宜，但是一定物超所值。「十二段家」在花見小路一角有開分店，可以用定食的形式輕鬆享用。不管是平常用餐，還是想要稍微奢侈一下的時候，都有牛肉常相左右，這就是京都人的習慣，因此京都人選牛肉的眼光既嚴格又準確，也只有賣好牛肉的店能倖存，長年廣受愛戴。

註 26：是日本頂尖瓷器「伊萬里燒」的一種，專指江戶時代製作的伊萬里燒古董，當時曾從日本輸出到歐洲各地。

Meat Shop Hiro
（ミートショップヒロ）
京都市中京区壬生朱雀町2—10
075—811—4129
9時～19時
無公休
www.meatshop-hiro.com

京燒肉 弘 八坂邸
（京やきにく弘 八坂邸）
京都市東山区東大路通八坂西入ル
075—525—4129
17時～24時
12月31日、1月1日公休
yakiniku-hiro.com

十二段家本店
京都市東山区祇園町570—128
075—561—0213
11時30分～最後點餐13時30分、17時～最後點餐20時
※小學生(12歲)以下不可入店
每月第三個星期三公休
junidanya-kyoto.com

京的燒肉處 弘 八條口店
（京の焼肉処弘 八条口店）
京都市南区竹田街道東寺道下ル
075—662—1129
17時～24時
12月31日、1月1日公休
yakiniku-hiro.com

燒肉 弘商店
（焼肉 弘商店 烏丸錦）
京都市中京区元法然寺町681
075—253—0298
11時30分～22時
12月31日、1月1日公休
yakiniku-hiro.com

28 京都是江戶前壽司的沙漠？

說到京都的壽司，所有人想到的一定都是鯖魚棒壽司[27]，鯖魚棒壽司如今已經很有名氣，堪稱京都名產了。鯖魚棒壽司用的是從若狹海邊走鯖街道運來的鯖魚，浸過醋之後再做成棒壽司，不管是遠近馳名的店家或隨處可見的高檔餐盒店，每間店的用醋量都不一樣，厚度也各不相同，彼此以味道決勝負。

我喜歡開在祇園石段下的「Izu重」和出町桝形商店街的「滿壽形屋」，這兩間都可以選擇要買一整條棒壽司，或者內用幾片就好，是我的口袋名單。

稻荷壽司在京都店裡也常出現。京都很多人覺得稻荷壽司很有親切感，會稱之為「稻荷桑」。

與「殿田食堂」相同，許多店的稻荷壽司會搭配烏龍麵一起吃，街頭的烏龍麵老店大多都有在做稻荷壽司。如果想品嚐簡單的稻荷桑，在烏龍麵店吃就綽綽有餘了，

註 27：京都的特色料理，棒壽司是將魚放在壽司飯上，用塑形盒等物捲成棒狀後切塊吃，自古以來到了祭典等重要的日子，就會在家自製鯖魚棒壽司。

如果想吃認真的稻荷桑，則會去壽司店買。

除了我剛剛提到的「Izu重」，開在寺町二條的「京之壽司處 末廣」在稻荷桑中加了大麻籽，每咬一口都會彈一下，口感相當獨特。他們的豆皮不會太薄或太厚，甜味也煮得恰到好處，可以吃得很清爽。

這間「京之壽司處 末廣」的招牌就是蒸壽司。「蒸壽司？」關東人聽到了會很詫異地反問，其實京都與其他關西地區、高知縣和長崎縣等地到了寒冷的季節，都比較習慣吃蒸壽司。

每家店或地區的蒸壽司多少會有所不同，不過大致上來說，可以想成是把沒有生魚的散壽司拿去蒸。京都的壽司店大多會在壽司飯中拌進大量的切片星鰻、黑木耳、香菇或乾瓢，再放上雞蛋絲，用蝦子、花枝、星鰻點綴，然後蒸到熱騰騰的。

蒸壽司燙到會灼傷的程度最好吃，將蒸壽司放入口中吐氣散熱，一口氣吞下去之後，暖意會從腹部深處擴散到全身，吃完甚至會出一身薄汗。

和江戶前[28]握壽司相比，鯖魚棒壽司、稻荷壽司與蒸壽司感覺似乎有點樸素，不過追本溯源，壽司的起源是近江名產「鯽魚熟壽司[29]」，因此或許接近熟壽司的京都

註 28：指的主要是握壽司，食材使用東京灣捕獲的海鮮。與江戶前壽司相對的是「關西壽司」，包括以方形盒子押出形狀切塊的押壽司，關西壽司的米飯通常會加比較多砂糖以便保存，因此也會比較甜。

壽司才是正統，江戶前握壽司則是變形。

棒壽司、箱壽司、稻荷壽司這些完成後要放一段時間再吃的關西壽司是京都的主流，也導致京都長年被說是江戶前壽司的沙漠。不過近年江戶前壽司的風潮也颳進了京都，京都如今開始被稱為江戶前壽司的一級戰區。

我記得打頭陣的是從花見小路四條往南走，在小巷子右轉會看到的「鮨 松本」。甜味適中、稍微偏硬的壽司飯與悉心備好的主料搭配起來如同天作之合，據說這裡就是京都正統江戶前壽司的起點。

轉眼之間，東京與其他地方的店家開始展店，京都市區的高級江戶前壽司店如雨後春筍出現。在這波浪潮中，有不少店家的目標客群不是在地京都人，而是東京或海外的富豪階級，很多店是採取會員制或介紹制，不同於京都獨特的生客勿入規定。

我常去的倒不是這種店，而是一直廣受在地京都人的愛戴，是平民的江戶前壽司店。「Higohisa」開在佛光寺通、高倉通路口附近，京都風格的町家[30]建築相當美麗，而且可以品嚐到平價的江戶前壽司，因此我已經是常客了。雖然他們只有吧台座，

註 29：日本壽司的起源，用鹽巴和米飯將魚進行乳酸發酵以便保存的壽司，味道強烈，外觀也與一般常見的握壽司完全不同，通常現在販賣的是完整的一條魚，上面淋了黏稠如優格的米飯醬汁。

註 30：商人居住的住商混合型住宅，特色是比鄰建設的家屋門面寬度都統一，目前全國各地都留有町家的建築。

也只在晚上營業，不過我可以放心推薦給所有人，所以只要有人問我京都推薦的壽司，我都會先說「Higohisa」。

還有一間在我家附近，是靜靜開在洛北下鴨住宅區的「鮨 Kawano」。這間店也只有吧台座，不過午餐時間會營業，最適合在洛北觀光時吃一頓午餐。

不管在哪一間壽司店，我都會一面喝平價的氣泡酒，一面慢條斯理地享用江戶前那種結實的壽司。雖然是江戶前卻又多少能感覺到京都的氣氛，這是我推薦的第二個理由。

在京都風格的町家「Higohisa」品嚐平價的江戶前壽司。

Izu重（いづ重）
京都市東山区祇園町北側292－1
075－561－0019
10時30分～19時
星期三公休（遇假日休隔天）

京之壽司處 末廣（京のすし処 末廣）
京都市中京区寺町通二条上る要法寺前町711
075－231－1363
11時～19時（售完為止）
星期一公休

Higohisa（ひご久）
京都市下京区仏光寺柳馬場西入東前町402
075－353－6306
18時～22時
星期日公休

滿壽形屋（満寿形屋）
京都市上京区枡形通出町西入ル二神町179
075－231－4209
12時～18時
星期三、不定期公休

鮨 松本（鮨まつもと）
京都市東山区祇園町南側570－123
075－531－2031
12時～14時
17時～23時
不定期公休

鮨 Kawano（鮨かわの）
京都市左京区下鴨東半木町72－8
075－701－4867
星期二17時30分～20時
星期三～日12時～14時
17時30分～20時
星期一公休

29 琳琅滿目的京都蛋類午餐

京都人是從什麼時候開始愛上雞蛋的呢？有不少店是以西式或日式蛋料理為招牌，家中也常常會做蛋料理，雖然蛋料理撐不起晚餐的場面，不過午餐吃就滿適合的。觀光客都很熟悉的蛋料理非親子丼莫屬了，京都市就有幾間大排長龍的店，客人都是來吃親子丼的。

祇園下河原的「葫蘆」或西陣五辻通的雞肉料理店「西陣鳥岩樓」都是代表例子。這兩間都不是親子丼專賣店，前者是賣麵類和丼飯的店，後者主要是賣「雞白湯鍋」這種鍋料理的雞肉料理餐廳，親子丼是午餐限定的餐點。

親子丼從這兩間店的眾多餐點中脫穎，得到廣大支持，可見味道很獨特，別的地方吃不到。而且丼飯的價格不會太貴，是個不錯的選擇。如果是「殿田食堂」，不用排隊也能吃到美味的親子丼。

最近雞蛋三明治也滿熱門的。京都口味的雞蛋三明治夾的不是碎水煮蛋美奶滋沙拉，而是歐姆蛋。喫茶店和西餐廳都吃得到這種三明治，不過我最喜歡的是西餐廳「Korona」的雞蛋三明治，它的特色就是肥厚的歐姆蛋會外溢出來。在「Korona」熄燈之後，這道餐點卻因為接手「Korona」的店家一舉成名，也是滿諷刺的。

如果想隨手買一個來品嚐的話，可以吃「志津屋」的「滑嫩歐姆蛋三明治」。「志津屋」在JR京都站和京都市到處都有分店，非常方便。

同樣熱門的雞蛋料理是蛋包飯，京都美味的蛋包飯店同樣也不知道為什麼都人滿為患。我最喜歡的是類似街頭的食堂在賣的蛋包飯。

我最推薦「Masuya」這間小小的洋食屋，位於高倉佛光寺以南的「Masuya」小到幾乎不能再小，大概五個人就算客滿了。

「Masuya」只有夫妻兩個人在經營，老闆在小小的

「西陣鳥岩樓」的親子丼是午餐時間限定的餐點。

廚房甩平底鍋，老闆娘在旁協助，兩人默契十足。裝在橢圓形銀盤中的蛋包飯美如畫，蛋包飯就是應該有這樣的味道，Haguruma的蕃茄醬也很畫龍點睛。

「Masuya」不只賣蛋包飯，無論是炒飯、豬排咖哩或西式午餐都便宜美味，而且所有餐點都可以外帶，真是不可多得的洋食屋。

他們也不只是美味而已，老闆要在最小的空間中勤奮工作，而且還長期維持親民的價格，「Masuya」從本質上來說非常京都。這種店如果開在自家附近就了無遺憾了。五百日圓的蛋包飯加六十日圓就附法式清湯，吃完離開時一定會露出滿意的微笑。

我再介紹一間可以吃到平價又美味的蛋包飯的店。洛北的住宅區有一間叫「Tatsu 㐂」的店，店門口掛的門簾上寫著「炸豬排（とんかつ）」與豬的插圖，這是專賣炸豬排的店，不過各種麵類、丼飯甚至炸蝦、漢堡等西餐都在菜單上，是間全方位的食堂。

「Tatsu 㐂」的蛋包飯與「Masuya」不相上下，是我心中理想的蛋包飯。

電視上的美食節目在講食後感時有個關鍵字是「好軟～」，可見不管吃什麼，都有越來越多人喜歡軟的口感了。如果是肉類的話我不是不理解，可是吃生魚片和芋薯類都是「好軟～」，甚至豆腐也「好軟～」，這已經是黑色幽默了吧。

可能因此滑嫩口感的蛋包飯最近很熱門，有的是飯上鋪炒蛋，有的是雞肉炒飯蓋上歐姆蛋，一切開就會流汁，引發一陣歡呼，最近的蛋包飯主流都是這些類型。

但我覺得真正的蛋包飯，應該要用煎到半熟的雞蛋緊緊裹住雞肉炒飯。「Tatsu 岂」的蛋包飯與「Masuya」當然都是這種經典形式。煎到半熟的雞蛋，裹住甜味不會太重的雞肉炒飯，再擠上伍斯特醬類的多蜜醬就大功告成了。這大人口味的蛋包飯只要五百八十日圓，相當平價。

「Tatsu 岂」的菜單到了一定的季節還會出現炸牡蠣，我有時候會提出要求，要他們把炸牡蠣放在蛋包飯上，變成炸牡蠣蛋包飯。

種類繁多的菜色中還有「滑蛋天丼」這個選項，剛炸好的蝦子淋上拌有配料的滑蛋，這個也是五百八十日圓，又便宜又好吃，真是太幸福了。

葫蘆（ひさご）
京都市東山区河原通八坂鳥居前下ル下河原町484
050－5485－8128
星期二～四、六、日、假日
11時30分～19時
星期一、星期五公休（星期一遇假日營業，隔天公休；星期五遇假日營業，前一天公休）

Masuya（ますや）
京都市下京区杉屋町265
075－351－3045
星期一～五　11時～18時30分
星期六　11時～17時
星期日、國定假日公休

西陣鳥岩樓
京都市上京区五辻通智恵光院西入ル五辻町75
075－441－4004
12時～14時
17時～20時
星期三公休（遇假日營業）

Tatsu 喆（たつ喆）
京都市北区小山初音町16－4
075－491－8972
11時～20時
星期日公休

30 京都特色的咖哩應有盡有

京都和咖哩乍看之下很不搭嘎，但其實意外地適合。

京都的飲食文化歷史悠久，也一路守護了自己的傳統，不過天生喜歡舶來品的京都人與海外的交流本來就很頻繁，因此也很積極在學習新的飲食文化。

京都迅速接納了以肉食為主的西餐，孕育出自己的西餐文化，好像從明治時代就有賣咖哩的店了。站在咖哩浪頭上的是京都隔壁的大阪，據說在明治時代末期，除了西餐廳，連大眾食堂的菜單中都出現了咖哩。

一般認為京都街頭出現咖哩飯專賣店要等到大正末期，店家在戰後猛地就變多了。我小時候常去吃的是「Jawa」或「Bari」，這兩間現在都不在了。吃不到的反而更懷念，因此現在流行的那種莫名費工的咖哩我一直都吃不習慣。

這可能說不上是咖哩飯，不過以前池波正太郎（一九二三～一九九〇）的散文中出現過「奶油飯配上半熟蛋，上面淋了咖哩醬燉煮的雞肉」，我很好奇這是什麼料理，因此跑去富永町的西餐廳「Takara船」，發現就是印度奶油咖哩雞，這道菜簡直是人間美味。

有一間咖哩的味道比較接近這個時代，就是我在蛋料理午餐那裡提過的「Masuya」，五百五十日圓的「豬排咖哩」也一樣讓人想說是人間美味。

不好意思一直在緬懷過去，以前在木屋町有間叫「Indian」的咖哩專賣店，他們會先把咖哩和飯攪和在一起，風格很獨特，吃了會欲罷不能，不過這間店也已經熄燈了。它的二代店現在位於姬路，他們的咖哩太好吃了，好吃到我會心心念念著專程跑去姬路吃。

我偏愛的咖哩店已經一間間消失了，如今還健在的是聖護院附近的咖哩專賣店「Bientot」。狹長的店面裡只有吧台座，不過這裡的咖哩也會讓人吃上癮。他們的口味非常辣，用現在的話來說就是香料咖哩吧，不管是鋪平的番紅花飯，或者黏稠度適中的咖哩醬，都讓人想把它分類成是日式歐風咖哩。他們的菜色只有「豬排咖哩」和「咖哩飯」兩種，咖哩醬可以自己選，我每次都吃豬排咖哩，搭配辣味牛肉咖哩醬。

比起用幾十種香料熬了幾小時的咖哩，或者正統印度咖哩，我更喜歡喫茶店端出的那種咖哩，代表我真的是老一輩的人了呢。

二條城附近有一間老字號的喫茶店「喫茶 Tyrol」，不管是哪一道輕食都真心好吃。他們還有賣豬排咖哩和其他咖哩，種類豐富，真是感激不盡。我每次都很猶豫要點哪一種咖哩，最後大概都會選「咖哩義大利麵佐荷包蛋」，不但份量充足，而且我記得只要七百三十日圓。

另一個選擇是「乾咖哩」，能吃到乾咖哩的店也變少了呢。最近乾咖哩的主流似乎是絞肉和洋蔥炒了咖哩後蓋在飯上，很少有店家會賣類似咖哩炒飯的古早味餐點了，「喫茶 Tyrol」的乾咖哩就是這種復古的古早味。他們也有賣普通的咖哩飯和豬排咖哩，不過來這裡一定要嘗試一下「咖哩吐司」。烤成金黃色的吐司附上一碗咖哩醬，這一道有點像是自製的咖哩麵包。咖哩愛好者應該無法抗拒這間店，「喫茶 Tyrol」就是這樣的地方。

我還想推薦京都特色的豬排咖哩，三條大橋附近的「篠田屋」賣的「豬排簡餐」。餐盤上的飯放上豬排，再淋上清爽的和風咖哩醬，雖然味道清爽，吃起來卻很過癮，我從學生時代就一直去報到，最近因為他們太熱門，常常需要排隊，我也比較少去了。

「咖哩拉麵」是咖哩的一個變化球，這是京都常見的菜色。不管在拉麵店或烏龍麵店看到這道餐點我都會很想嘗試，不過我特別推薦的是位於同志社大學附近巷弄的中餐廳，「柳園」的「咖哩拉麵」。細長的直麵配上黏稠的咖哩醬，滋味很濃郁，其他地方都吃不到這麼獨特的拉麵。吃了就會明白，又辣又燙才是真正的咖哩。

Bientot（ビィヤント）
京都市左京区東大路通丸太町上ル東側聖護院西町12
075－751－7415
11時～22時
星期六公休

篠田屋
京都市東山区三条通大橋東入大橋町111
075－752－0296
11時～15時
16時30分～19時
星期五15時打烊
星期六公休

喫茶 Tyrol（喫茶チロル）
京都市中京区門前町539－3
075－821－3031
8時～16時
星期日、國定假日公休

柳園
京都市上京区烏丸通上立売上ル柳図子町334
075－432－1896
11時～14時
17時30分～20時30分
星期日、國定假日公休

31 比起京拉麵更推薦中華蕎麥麵

洛北一乘寺附近有一條叫「拉麵街（ラーメン街道）」的路，有好幾間拉麵店湊巧都開在這裡，於是才有了這樣的稱呼，可見京都也算是拉麵的一級戰區。

講個有點久以前的事，京都不管什麼飲食都給人很清淡的印象，「京風拉麵」這種極為清爽的拉麵也一度相當受到歡迎。

京風拉麵的特色是清湯般清爽的和風湯頭，以及讓人聯想到麵線的超級細麵。推出這種商品的人一定不知道京都人真正的喜好吧，這是很典型的「京都清淡口味傳說」。

等到拉麵連鎖店「天下一品」在全日本展店後，很多人才知道這個產品的誕生是出於美麗的誤會，如今所謂的「京風拉麵」已經不見蹤影了。現在講到京都拉麵，我們想到的都是「口味濃郁」了，我年輕時常常在跑這種拉麵店，不過後來拉麵從各種意義上都變得很繁複，現在我遠離了拉麵，一面倒向所謂的「中華蕎麥麵」。

拉麵和中華蕎麥麵乍看之下很像，但其實是不同東西。雖然沒有專門的定義，不過我大致上是把烏龍麵店賣的當「中華蕎麥麵」，拉麵專賣店或中餐廳賣的當「拉麵」。

講到烏龍麵店的中華蕎麥麵，我馬上就會想到「Menbo Yamamoto」。從四條通室町通路口往西走，第一個路口右轉，會進入如迷宮般的T字形小巷子，這裡是俗稱「撞木辻子」，是連通兩條大路的T形巷弄。位於撞木辻子T點附近的「Menbo Yamamoto」從各種麵食、丼飯到定食什麼都賣，午餐時間附近的上班族會把狹窄的店面擠得水洩不通。

現點現炸的炸蝦雖然美味，不過私房招牌菜色還是中華蕎麥麵。我沒問過店家沒有確切的證據，不過麵的湯底應該是醬油和雞骨熬出來的。懷舊漩渦圖案的拉麵碗上桌後，飄來一陣難以言喻的香氣。

清澈的湯頭搭配細直麵、兩片叉燒、筍乾、豆芽菜和蔥花，最後灑上胡椒，這個賞心悅目的外觀很有京都的風格。既沒有浮一層油膩膩的豬油，也沒有堆成小山高的叉燒，該有的都有，也充分烘托出了這碗中華蕎麥麵的好，視覺效果簡潔有力。視覺上好看、味覺上美味的中華麵，每次吃我都很佩服他們能把豆芽菜去尾去得那麼乾淨。

儘管他們的專業也不是中華蕎麥麵，可是這麼悉心備料的工作態度讓人看了就很爽快。反倒是時下的拉麵店明明是專賣拉麵，做事卻不會這麼周到。多這一道工夫，就能讓客人吃到更美味的食物，請一定要來吃吃看這間店的中華蕎麥麵。

「Menbo Yamamoto」的咖哩烏龍麵也可以換成中華蕎麥麵，不對，不只是「Menbo Yamamoto」，只要菜單上有中華蕎麥麵的烏龍麵店，不管什麼烏龍麵只要講一聲應該都能換成中華蕎麥麵。京都稱之為「黃麵」，如果是咖哩烏龍麵要換麵，點餐就會講「黃麵咖哩」。

我在前面推薦過「殿田食堂」的「狸貓烏龍麵」，「殿田食堂」的中華蕎麥麵外觀更簡單，不過跟「Menbo Yamamoto」相比，湯頭更加濃郁，美味到讓人欲罷不能。「殿田食堂」當然也有黃麵，我常常點「黃麵豆皮」或「黃麵鍋燒」。

拉麵專賣店的拉麵可能常常過於講究，我這種年紀的人吃起來會很疲倦，吃中華蕎麥麵反而覺得放鬆，真的是很不可思議。

從剛剛「Menbo Yamamoto」的例子，應該可以清楚明白他們備餐沒有在偷懶的，在介紹咖哩時提到的「篠田屋」的中華蕎麥麵也是我推薦的夢幻餐點。

在介紹蛋料理午餐時提到的「Tatsu 㐂」也一樣，他們用心但不過度講究，因此吃了才能放鬆下來吧。「Tatsu 㐂」的湯頭和配料都極其簡單，卻能讓人不留一條麵、一滴湯，全部吃個精光。來到京都，比起拉麵，更推薦你們嘗試中華蕎麥麵。

Menbo Yamamoto
（めん房やまもと）
京都市中京区新町通四条上る東入観音堂町473
075－255－0856
平日11時～20時
（暫時只到19時）
星期六11時～14時（目前周六不定期公休）
星期日、國定假日、每月第三個星期六公休

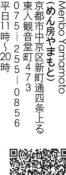

32 吃一口京都餃子

京都和餃子感覺不是很搭嘎，不過京都從以前就是以吃得到美味餃子聞名的地方。我記得好像是上一次舉辦東京奧運的那時候吧，現在的北大路通烏丸，當時叫「烏丸車庫」，那附近有一間叫「百花村」的中餐廳，他們的煎餃非常熱門，店裡總是人滿為患。

店裡角落放著一台電視，回想起看著摔角轉播大啖美味餃子的情景，真是讓我懷念。大約三年後崛起的，就是如今享譽全國的「餃子的王將」。日本已經多到不知道有幾間分店了，不過第一間店是開在四條大宮附近。

後來轉眼間店面越來越多，也因為他們便宜又好吃，不知不覺之間，講到京都餃子都會想到「餃子的王將」。而且京都人甚至只要講「王將」，就知道是在指「餃子的王將」。京都的拉麵店和街頭的中餐廳不知道是不是想搭上這波順風車，他們的菜單中一定會有餃子。

比起「餃子的王將」，京都的餃子愛好者第二愛去拜訪的是「Mr. 餃子」，「Mr. 餃子」好像是昭和四十六年（一九七一）開在東寺附近，是「餃子的王將」崛起後的四年。

「Mr. 餃子」展店沒有餃子的王將多，現在只有一間店，開在九條通新千本通路口的東北方附近。「Mr. 餃子」除了餃子還有賣拉麵和炸雞塊，聽說有些客人會當這裡是拉麵店來消費。他們餃子的特色用一句話來說，就是會上癮的滋味。我不是在講點心的廣告詞，但真的是戒不掉也停不下來，內用的時候我都會搭配「醃整條黃瓜」，吃掉兩、三人份的餃子。

另一方面，祇園附近有間開始受到關注的餃子店「泉門天」，店名與「專賣店」同音，真是高明的諧音。「泉門天」開在風情萬種的四條花見小路，為了讓舞妓的櫻桃小口吃得下去，餃子也做成了一口大小，滿新穎的。而且餃子沒有放理當會放的大蒜，這也很出人意表，說得也是，這樣一來舞妓吃都沒問題了。

家父習慣在祇園喝完酒後，帶「泉門天」的餃子回家當伴手禮。有人會把這間店當收尾，也有人會買來當伴手禮給酒館，「泉門天」在下鴨也開了分店，不知什麼時候就變成京都的名產了。儘管很遺憾「泉門天」曾經一度熄燈，不過後來又起死回生了，現在依然非常熱門。

平民的好朋友「餃子的王將」、味道獨特讓人上癮的「Mr. 餃子」與有點新潮的「泉門天」，這三間是起源於京都的餃子三巨頭，而且一直都有一定的支持者，不過在平成即將結束的時候，又出現了一波新的風潮。

某本地區性雜誌寫說這是「京都餃子戰國時代」，我覺得很精闢，因為各種類型的餃子店一間一間開張了。我都想說要嚐個鮮而去過幾間，可是感覺每間都過於強調自己的「講究」而白忙一場，不會讓人意猶未盡。因此講到京都的餃子，我還是會先推前面說的三間。

如果還要再推一間，應該會是近年突然很熱門的「Marushin 飯店」的餃子。從東大路通與三條通路口往南，「Marushin 飯店」就在右手邊，昭和五十二年（一九七七）

「泉門天」的一口餃子，符合舞妓櫻桃小口。

創業，是間以營業時間很長聞名的中餐廳。

他們中午開店，營業到隔天早上為止，很多人私下在討論這家店的人都什麼時候在睡覺。我很愛「Marushin 飯店」的天津飯[31]，常常大半夜在祇園喝完酒，回家前去扒個天津飯來吃。皮與餡達到黃金比例的餃子不但能外帶，也提供宅配服務，能在家裡品嚐專家的味道真是太難能可貴了。

在店裡吃餃子配葡萄酒還滿有情調的，河原町三條附近的「杏子」可以吃到「鐵鍋煎餃」、「海鮮水餃」和「砂鍋水餃」，各式各樣的餃子都能與葡萄酒一起享用，是不可多得的一間店。鐵鍋煎餃酥脆的皮與肥嫩多汁的內餡搭配得恰到好處，配葡萄酒吃剛剛好，杏子也有一人專用套餐，很適合餃子獨食客。

註 31：日式的中國菜，芙蓉蛋蓋在米飯上後，淋上勾芡的燴飯醬汁。

Mr.餃子（ミスター・ギョーザ）

京都市南区唐橋高田町42
075－691－1991
11時30分～20時30分（餃子售完為止）
星期四公休
www.mr-gyo-za.com

Marushin飯店（マルシン飯店）

京都市東山区東大路三条下る南西海子町431－3
075－561－4825
11時～凌晨6時
星期二公休
marushinhanten.com

泉門天

京都市東山区新橋通大和大路東入二丁目清本町380－3竹会館1階
075－532－0820
內用18時～凌晨1時
外帶14時～24時30分
星期日公休

杏子（杏っこ）

京都市中京区恵比須町442－1ル・シゼームビル2F
075－211－3801
平日18時～23時
週末假日17時～23時
售完可能會提前打烊
星期一、不定期公休
anzukko.com

33 在京都的居酒屋不喝酒？

酒精的功與過是人類誕生在世上就出現的問題，而且可能永遠不會有答案。俗話說「酒是百藥之長」，但是酒也被認為是對身體百害無一利的東西，雖然很多人常說要適量飲酒，但是每個人對適量的認知都不同，重點是，我常常聽到有人說如果能適量，打從一開始就不會喝酒了。

酒駕和強迫不能喝的人喝酒當然沒什麼好說的，不過晚餐時間酒的有無會劇烈影響用餐時的心情。這樣說對厭酒人士很抱歉，可是我覺得酒讓用餐時間更多彩多姿了，這也可能是俗話說的「酒鬼的自欺欺人」吧。

假如你現在要在京都吃晚餐，想吃美味的和食，但是去吃割烹會有點緊繃，去隨處可見的居酒屋又略有不足，你想去那種有京都氣氛，又可以品嚐小菜和品牌酒的店家。

我要推薦你們幾間內行人愛的居酒屋，這幾間都讓人想稱之為酒亭。千本中立賣的「神馬」、先斗町通中段的「先斗町 Masuda」以及位於川端二條的「赤垣屋」，這三間我妄自稱為「京都三酒亭」。

在料理好、酒好、氣氛好的三好酒亭裡，在地客與觀光客各有一席之地，都能享受京都特色的酒席，不過有些觀光客還是會覺得有一點正式。京都歷史悠久的店常常會出現這個問題，就是氣氛稍微隆重了一點。

有人不會要求多有京都特色，只想在輕鬆就能感覺到京都氣氛的店裡吃吃喝喝對於這樣的要求，我會毫不猶豫推薦「聖護院 嵐 Maru」這間店，他們的座位以吧台座為主，也有少人數的餐桌座位、團體客用的榻榻米座。「嵐 Maru」是適合各種場合的口袋名單店，在地的饕客都很熟悉它，我也會定期去吃。有時候我們會全家人一起坐榻榻米座，不過基本上我的晚餐都選在吧台座，欣賞老闆的刀工和冰櫃裡的食材。

我推薦「嵐 Maru」的其中一個理由，是因為他們的菜色真的很豐富。尤其魚料理的種類繁多，總是讓人猶豫不決，而且每一種都很美味，愛吃魚的人都會頭痛不已。其實這也難怪，因為老闆是瘋狂的釣魚迷，假日就不用說了，就算是營業日，老闆也會一早出海努力釣魚。老闆親自釣到的魚有多新鮮，我就不再贅述了，除了生魚片，日式、西式、中式等各式各樣的烹調法都能滿足客人的味蕾。

不知道從什麼時候開始，在介紹餐廳的時候，「老闆親自」變成一種讚譽的起手式。「老闆親自剖魚」這種理所當然的事還要大書特書加以宣傳，這時代真是奇怪。「老闆親自去市場採買」也是應該的吧。我覺得好像是從「老闆親自下田採摘蔬菜」這種句式開始流行起了「老闆親自」的起手式，渲染起來講得好像有多了不起一樣，但我不覺得有什麼好辛苦的。

然而「老闆親自出海釣魚」就不一樣了，這不是那麼容易的事吧，而且京都市距海遙遠也是眾所皆知的。光是要抓店休的空檔去海邊就夠辛苦了，即便海相不是很平靜，還是要上船親自釣魚，足以讓人感覺

在「神馬」品嚐小菜搭配品牌酒。

到老闆對魚非比尋常的熱情。

不管是什麼事，人都會對親力親為的事帶有熱情，既然是辛辛苦苦親手釣到的魚，處理時一定也會充滿熱情吧，這就難怪「嵐 Maru」的魚類料理會那麼美味了。

有些廚師有自己莫名的堅持，斬釘截鐵說這種魚只能用這種烹調法，我不太喜歡這類的廚師，不過「嵐 Maru」的老闆正好相反，他會配合客人的喜好調理餐點，也因此他們端得出變化多端的肉類料理，還有一道叫「炸鯛魚炒飯」的招牌菜。

酒類也一樣，日本酒和燒酒的品項都很豐富，當然還有我喜歡的氣泡酒，而且不能喝酒的人也能吃得很盡興，這是「嵐 Maru」與酒亭差異最大的地方。

酒友就不用說了，這間店也很適合無法喝酒卻想體驗居酒屋氣氛的人，不妨來「嵐 Maru」坐享居酒屋和割烹的優點吧。

神馬
京都市上京区千本通中立売上る
西側玉屋町38
075－461－3635
17時～21時30分
星期日公休

赤垣屋
京都市左京区孫橋町9
075－751－1416
17時～23時
星期日、星期日前後的連假公休

先斗町 Masuda
（先斗町ますだ）
京都市中京区先斗町四条上ル
下樵木町200
075－221－6816
17時～22時
星期日公休

聖護院 嵐 Maru
（聖護院 嵐まる）
京都市左京区聖護院山王町
28－58
075－761－7738
17時30分～凌晨0時
星期一公休

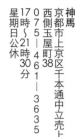

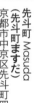

第四章

邊走 邊學

京都的 歷史

千年古都不是開玩笑，隨處一個角落可能都是說不完的故事，
哪些是我心頭上必訪的去處，值得一見的景勝，
接下來我們一起在京都散步，
一邊聊聊有趣又雋永的過去。

34 探查「御土居」之謎

如果你要去我前面推薦過的賀茂川散步，可以去走走上賀茂神社附近的西岸，賀茂街道與堀川通的路口那一帶。賀茂街道西側河堤緊鄰「加茂川國中」，學校北端會看到「御土居」的遺跡。雖然有金屬網圍著進不去，不過立了一個說明板，可以閱讀一下。

御土居是天正十九年（一五九一）奉豐臣秀吉（一五三七～一五九八）之命建造的土壘，建造目的眾說紛紜，很多地方還是一個謎團。到底是為什麼要建造這個御土居呢？發揮想像力推理看看應該會很有趣。

「史跡御土居」的說明板上寫著「在執行都市計畫、整頓長期戰亂而荒廢的京都時，為了抵禦外敵入侵，於是建造了防禦用的土壘（土居）」。意思就是，建造的目的是防止外敵入侵。

但是看到實物應該就會理解了，這種高度的土壘應該無法抵禦敵人入侵。御土居是土壘和壕溝組成的，高度與深度分別只有三到五公尺，即便是戰國時代，總計最多十公尺高的牆壁也不可能阻擋外敵的入侵。御土居寬約二十公尺，全長達二十二公里，環繞整個京都市，不管派多少衛兵駐守，都還是有很多人翻牆入侵吧。

另外一個說法是治水，《平家物語》中寫過，白河法皇（一〇五三～一一二九）曾經哀嘆「不盡意者有三，賀茂川、骰子、比叡山僧兵」，可見鴨川以前是條惡水。

就連土木技術已經大幅進步的現代，都無法完全防堵河川氾濫時造成的重大災情了，不難想像惡水在當時會有多棘手。

雖然無法完全防堵，在建造御土居之後，鴨川氾濫造成嚴重災情機會至少應該是大幅減少了。除此之外，由於人們太擔心洪水，以前鴨川附近只能蓋類似組合屋的房屋，據說御土居建造之後，終於可以蓋兩層樓、讓人長居久安的房屋了，御土居在治水面無疑發揮了很重要的角色。

常常被說是棋盤格的京都街道是出了名的整齊方正，而道路規畫的基準是「天正的地割」，這也是整頓了平安京的政策，主事的正是豐臣秀吉。

既然如此，把御土居當作都市建設中的一環也滿合理的。換句話說，京都街道的規畫不能沒有御土居，因此這麼長的土壘才能用短短三個月時間完工。

後人對豐臣秀吉的評價褒貶不一、毀譽參半，觀點和角度各不相同，不過如今京都的遊客之所以會對這個城市的街道產生好感，我想還是要歸功於秀吉。

平安京的街道是仿擬中國西安設計的，秀吉主導「天正的地割」重新規畫京都後，經過八百年的漫長歲月，形成現在京都的大街小巷，催生出一個街道規畫獨特的城市。大致上來說，平安京一邊長一百二十公尺，是長形的城市，因此正中間會有空地，秀吉將土地畫分成細長形，活用了每一塊地的空間，毫無浪費，因此形成縱橫交錯的巷弄，很有情調的街道設計。

既然秀吉改變了許多人居住的京都街頭，想當然會造成一些壞處，受牽連的人絕對不在少數。最典型的例子就是地名「天使突拔」，這個地名就說明了建造御土居的目的是什麼。

當時的上京大宅林立，下京則是比較平民的人居住的老城區，據說秀吉想透過御土居的建造，將兩區融為一體。最大的理由應該是，他希望能讓上京的活力感染他自己的根據地伏見。

透過土地區劃，他新設計了貫穿上京與下京的道路，稱之為「突拔通」，新誕生的地區命名為「突拔町」，如今這些地名都還存在。其中一個就是「天使突拔」，據說這是因為歷史悠久的「五條天神宮」境內硬是被開了一條「突拔通」，當地居民滿懷怒意取了這個名字。

看著綠草覆蓋、小小突起的土壘，彷彿也看到了秀吉的政治手腕與隨之而來的民怨。

35 走進千本鳥居，請抱著虔誠的心

大千世界有森羅萬象，每件事一定都有好與不好的一面，每次參拜伏見稻荷大社、爬稻荷山、通過千本鳥居的時候，我內心總是不斷在想這些事。

這些鳥居當然不是一開始就建在這裡，是一座又一座漸漸增加，變成現在這個數量。鳥居都是捐贈品，是崇敬稻荷神的善男信女帶著感激之意捐獻的。

大概十年前左右，並不會有太多人走這條連通到奧社參拜所的參道，穿越參上的千本鳥居。蜿蜒的朱紅鳥居層層又疊疊，要拍到空無一人的照片也很容易。走在長長的參道上，我總誤以為自己的臉映成了朱紅色，也常常覺得不知是心靈被淨化了，還是那瞬間進入了無我的境地。

就像是我們不經意看到日出的時候會合掌，看到紅通通熊熊燃燒的火堆時心情會特別雀躍，我覺得朱紅色與隱藏在內心深處的什麼會產生共鳴。這可能與原始信仰有關係吧，所以我一有機就會去走一趟千本鳥居，但是這幾年卻做不到了。

不知道契機是什麼，大量的人潮開始湧入了千本鳥居，許多人是來自外國的觀光客，從振興觀光產業這一點來看是美事一樁，但是他們卻也妨礙到了在地的信仰。如果他們與捐贈鳥居的人一樣，是帶著感恩之心來參拜也就罷了，但是大部分的人只有一個目的，就是為了拍所謂的網美照。

他們似乎都會走一個穿和服的行程，服裝整齊的話還好，看他們像披睡袍一樣邋遢隨便的樣子，我連一絲一毫的崇敬都感覺不到。有人擺拍，有人逗留很久，有人嗲聲嗲氣在拍照，穿梭在他們之間，根本沒辦法平心靜氣參拜。

於是我遠離了千本鳥居好一陣子，不過拜疫情所賜，觀光客驟減之後，這裡終於回歸了原本的平靜。真的是很諷刺，就像我開頭所寫的，大千世界的森羅萬象，很多事都是一體兩面。

蜿蜒的朱紅鳥居，層層又疊疊成千本鳥居。

由於伏見稻荷大社擠滿了參拜者，參道上的伴手禮店或餐廳很多都是在店門口做生意，我想他們都希望訪日觀光能重返往日的榮景吧。

但是俗話說過猶不及，以前水洩不通的人潮真的太過火了。以最近的話來說就是「超限旅遊」，這個情況也不限於伏見稻荷大社，京都整體應該都是。不要說京都站，整個京都被觀光客占據的情景，應該讓很多人心生遠離京都的念頭吧。尤其對住在京都的人來說，可能已經造成了莫大的阻礙。

我不知道以後會怎麼樣，不過既然伏見稻荷大社暫時恢復了原本的面目，應該也可以平心靜氣來參拜了。

伏見稻荷大社具有一千三百年的歷史，是歷史悠久的古社。據說全日本有三萬間稻荷神社，這一間是總本宮，也是人們重要的信仰。

古時候，在奈良時代（七一〇～七九四），京都豪族秦家的秦伊呂具過著富裕的生活，他把餅當箭靶來射，才射了一箭，餅就化作白鳥飛走了，鳥在山峰上落腳，落腳處就長出了稻子。秦伊呂具看到這一幕，對揮霍成性的自己懊悔不已，於是他蓋了一間神社，據說這就是伏見稻荷大社的起源。「稻成（長出稻子）」後來改寫成「稻荷」，人們認為這裡也可以保佑豐收和生意興隆。

講到稻荷就會想到狐狸，神社境內到處都可以看到狐狸，因為狐狸被認為是神差、神獸。鳥居具有心想事成的意思，也代表神的聖地和聖域，朱紅色代表稻荷大神的神德「豐饒」。穿越千本鳥居時細細思索神社的起源，一定就能得到神明的保佑。

伏見稻荷大社
京都市伏見区深草
藪之内町68番地
075－641－7331
inari.jp

36 沉浸在「千本釋迦堂」的古色古香

京都很多的寺廟都有通稱名，不少地圖和公車站有不少標記的寺名是廣為人知的通稱，而不是正式名稱。舉例來說，知名的紅葉名勝「永觀堂」正式名稱是「聖眾來迎山 無量壽院 禪林寺」，但是講這麼長的名字京都人也聽不懂。你可以對計程車司機講講看，對方一定會一頭霧水。即便是詢問附近的居民，對方的反應肯定也差不多，還有好幾個相同的例子。

我來出一題考考各位。下列三間登錄世界文化遺產的京都寺廟，哪一個是通稱名呢？「東寺」、「金閣寺」、「銀閣寺」？有人知道嗎？其實三間都是通稱名，東寺是「教王護國寺」，金閣寺是「鹿苑寺」，「銀閣寺」是「慈照寺」。「通稱」換句話說就是「暱稱」，代表已經熟悉到可以用暱稱來稱呼了。

因為有金閣所以是金閣寺，有銀閣所以是銀閣寺，羅城門東西邊各有一間寺廟，所以東邊的叫東寺，真是簡單明瞭的名稱呢。

不管是位階多高或歷史多悠久的寺廟都一樣，或許這也證明了京都的寺廟與人民關係非常緊密。

有一間寺廟「千本釋迦堂」也是通稱名，正式名稱是「大報恩寺」，一如通稱所示，寺廟位於千本今出川附近，正式名稱中的「報恩」是佛教用語。看見你得到的恩惠是「知恩」，將這份恩情送給其他人是「報恩」，這份恩情一傳十十傳百傳下去，天下就會太平了，命名的用意應該是如此。通稱名中的「釋迦堂」應該是來自他們祭拜的釋迦如來像。

京都有另外一間叫釋迦堂的寺廟「嵯峨釋迦堂」，正式名稱是「清涼寺」，他們祭拜的當然也是釋迦如來像。那我們就來參拜千本釋迦堂吧。從千本今出川的路口往北走，在第一條五辻通的路口左轉直行，馬上就會走到通往寺廟的參道，前方有一個「國寶千本釋迦堂」的大石柱。

築地牆從左右兩側往前延伸，在長長的石板路上筆直前進會走到山門，門口與門內都種有櫻花樹，入春後會綻放美不勝收的櫻花，品種還是染井吉野和枝垂櫻，其實千本釋迦堂也是一個私房的賞櫻景點。

本堂位於寬敞境內的正面，屋頂的弧度非常優美，整體穠纖合度，被指定為國寶的就是這個本堂。

千本釋迦堂建於一二二七年，是鎌倉時代初期，所以已經有八百年的歷史了。京都還有不少是歷史八百年或更久的寺廟，不過千本釋迦堂的本堂特別受到重視，甚至被指定為國寶，是因為本堂維持創建當時建築物原始的樣子。

京都市是在平安京的基礎上長年發展到現在，這期間除了戰亂也遭遇過幾次祝融之災，代表性的例子就是「天明大火[32]」和「應仁之亂[33]」，據說這兩場災難都讓京都市街付之一炬，燒毀了許多寺廟神社的建築物。

京都如今還保留了平安京的樣貌，但從現實面來說，當時的建築已經幾乎不復存在了，而千本釋迦堂的本堂是京都最古老的建築物。是不是覺得有點意外呢？它

「千本釋迦堂」的本堂是創建當時的建築物，因此被指定為國寶。

註 32：天明八年（一七八八）京都發生的火災，是京都三大火災之一，火勢延燒兩天，燒毀上百間寺社，造成數百人死亡，嚴重打擊了京都的經濟發展。

註 33 ：室町時代應仁元年（一四六七）發生的內亂，為時約十一年，主戰場在京都，除了導致京都遭受毀滅性的破壞，也是時代從室町進入戰國的重要歷史事件。

既沒有登錄為世界文化遺產，也不是人盡皆知的名刹，卻有一棟京都最古老、被指定為國寶的建築物，這是體現了京都深奧之處的典型例子。

平常沒什麼機會可以直接接觸到國寶，所以我們趕快進入本堂吧。本堂不會讓人感覺虛有其表，堂內也很古色古香，柱子上還有據說是應仁之亂時留下的刀痕，歷史迷看到應該會欣喜若狂吧。

千本釋迦堂留有讓人瞠目結舌的瑰寶，東西收藏在本堂旁邊的「靈寶殿」，只要入館便能就近欣賞。所謂的瑰寶是出自「慶派」這個佛像雕刻師流派之手的精緻佛像，運慶、快慶和定慶等人的作品一字排開，實在是精彩絕倫。快慶的「十大弟子立像」和定慶的「六觀音菩薩像」都被指定為重要文化財，美得讓人看著看著就出神了。你們一定會感嘆，沒想到佛像可以這麼美。

千本釋迦堂（千本釈迦堂）
京都市上京区七本松通今出川入ル
075－461－5973
9時～17時（本堂、靈寶殿只到16時30分）
www.daihoonji.com

37 在鷹峯「常照寺」懷想吉野太夫的悲戀

與京都有關的插圖總是會有穿著華麗和服的舞妓或藝妓登場，我想也只有京都是這樣吧。江戶或日本各地當然都有花街，有花街應該就有藝妓，但是藝妓不會像京都一樣成為代表那個城市的象徵性人物。

也許是因為花街和藝妓這樣的詞有一種縱情聲色的印象，也讓人想到遊廓，因此形象上不太健康吧，尤其人稱「遊女」的女性，好像常被認為是見不得光的族群。京都有很多個花街，過去當然也有很多的遊女，不過京都並不會有什麼淫穢的形象，這是因為有遊女中最頂尖的人物，也就是太夫的存在。

太夫是從中國的官位「大夫」衍生出的詞。大夫在宮中掌管一切的技藝，因此日本歌舞伎的女形[34]之首也是用這個名稱，最終在技藝的世界裡，都開始稱技藝最為精湛的人為「太夫」了。

註 34：歌舞伎的演員全為男性，由男性扮演的女性角色就叫「女形」。

既然是首屈一指的遊女，除了要會透過舞蹈展現自己的美貌，還要熟稔茶道、花道、書法和和歌，甚至要精通古琴與琵琶等樂器。

而在眾多太夫之中脫穎而出的，是第二代吉野太夫。據說她生於慶長十一年（一六〇六），距今已經超過四百年了，七歲時，她走上了「禿」這個培訓遊女的道路，雖然古人與現代人的壽命不同，不過才七歲就選擇遊女這樣的工作，真是令人驚嘆的一生啊。

又過了七年，大概相當於現在的小學六年級吧，不知道這段期間她學習了什麼、鑽研得多深，恐怕這些是筆墨難盡的了。她才十四歲就成為了太夫，真是讓人嘆為觀止。不好意思一再強調，但以現代來說她才國中二年級，我真的很驚訝她才小小年紀就成了最頂尖的遊女，一想到如果她是我女兒會有什麼遭遇，我就心痛不已。

現在名為「島原」的花街當時似乎是叫六條三町筋，島原有一位年僅十四歲的太夫誕生了，這件事自然也引發了討論。沒過多久她的名聲傳了開來，朝廷貴族、大名、大老闆都爭相點台，她搶手的程度如同現在的熱門餐廳，想訂位也訂不到。

此時男人們的占有欲開始作祟，引發了贖身之爭。誰能替第二代吉野太夫贖身呢？如果是現在，八卦節目的娛樂圈單元中一定會熱烈討論這個主題。

既然是吉野太夫，她的贖身價碼肯定不是小數字，最後剩貴族與富豪爭執不下，贏家是富豪灰屋紹益（一六一〇～一六九一），他是藍染用灰產業的繼承人。

灰屋紹益是出了名的遊手好閒，不過他也是個精通和歌、茶道、俳諧，還寫過隨筆的文人。紹益的第一任妻子已經離世，但當時他才二十二歲，他贖的吉野太夫二十六歲，這是相差四歲的姊弟戀。原以為被富豪贖身應該可以過上富裕的生活，沒想到紹益的養父不滿他迎娶一個遊女，與他斷絕了關係，他們只能離開這個家。照理說此時兩人可能就直接離婚了，不過或許吉野太夫打從心底愛著紹益，她沒有嫌棄貧困的生活，而是在小小的家中安份守己地過生活。

某一天，紹益外出工作，吉野太夫獨自在家忙著做家事，外面突然下起了大雨。她一瞥眼，發現有個男人在門口屋簷下躲雨，他淋得一身濕，和服都在滴水。吉野太夫招呼了男子，讓他進家門、擦乾和服，並招待他享用茶點。男子非常感激她，後來他與同伴講了這件事，同伴說住在那裡的就是吉野太夫，讓他驚訝得說不出話來。原來他就是紹益的養父。

經過這件事之後，他馬上說要恢復父子關係，真的是老天有眼啊。在紹益替吉野太夫贖身十二年後，她短短三十八歲的一生就此落幕，並在鷹峯的「常照寺」安眠。篤信《法華經》的吉野太夫，在二十三歲被贖身前，曾經捐贈「赤門」給常照寺。

而紹益則是安眠於西陣的「立本寺」，不忍夫妻分隔兩地的百姓在常照寺境內建造了「比翼塚」供奉他們。紹益深愛著吉野太夫，她的死是他過於巨大的傷痛，他甚至還將她的骨灰摻進酒中一飲而盡。

「都城已無花，花葬冥府山。」

失去太夫後，在沉痛中度日的紹益吟詠了這首和歌，刻在石碑上的和歌也顯得相當孤寂。

常照寺
京都市北区鷹峯北鷹峯町一番地
075－492－6775
8時30分～17時
tsakae.justhpbs.jp/joshoji/

吉野太夫沉眠的鷹峯「常照寺」。

38 內行人看寺廟的窗戶

很多人拜訪京都應該都是為了去寺廟參拜。那要用什麼標準來選擇要參拜的寺廟呢？這題先擱置一下，京都市有很多寺廟，你知道總共究竟幾間嗎？聽說平成十九年（二〇〇七）的時間點共有一六〇八間。寺廟的數量幾乎不會增加，不過有時候會廢寺，所以如今數量可能減少了，但應該也不會少於一六〇〇，比你想像中多還是少呢？

除了瘋狂的寺廟愛好者，應該很少有人參拜過超過一百間的寺廟吧，而且參拜的可能幾乎都是非常知名的寺廟。俗稱的「觀光寺院」確實有很多可看之處，而鮮為人知的寺廟則有一些內行人才知道的看點。

日本庭園是其中一個代表的例子。日本庭園有枯山水、池泉回遊式庭園等不同形式，小川治兵衛（一八六〇～一九三三）或小堀遠州（一五七九～一六四七）等等不同園藝師的設計也大異其趣。我就不再贅述欣賞庭園的正確方式與寺廟庭園的小常識了，旅遊指南和入門書都寫得很詳盡，參考這些就可以了。

佛像也一樣，佛像風潮已經行之已久，熱門度卻有增無減。不過我想介紹的不是佛像，而是從比較冷門的角度來介紹寺廟之旅。

參拜寺廟進入本堂的建築物裡面，肯定會在某處看到窗戶。不同於佛像和日本庭園，窗戶我們平常見慣了，因此大部分人應該會過目即忘，但是我覺得這樣真的很可惜。

講到窗戶，我們總會想到採光、通風這些實用面的功能，不過窗戶其實也是成就美景的重要推手。很多西方教會是使用花窗玻璃，以繽紛的設計吸引目光，有時候還會畫出具體的故事，具有強化信仰的功能。

相較之下，日本寺廟的主色調是單色，如《陰翳禮讚》所說的一般，以光影的藝術創造出穩重感的設計。圓窗與方窗具有不同的表情，安裝窗戶的紙門框也會改變外觀的印象。

我最推薦的是「吉野窗」，我在吉野太夫悲戀中介紹到常照寺，寺內有一間茶室「遺芳庵」，具有代表性的吉野窗就在這裡。我想各位也猜到了，吉野窗就是起源於吉野太夫的窗式，形狀是大圓卻不是正圓，下方有一條很隱微的直線。正圓在佛教中代表的是真理與開悟，吉野太夫自認並非完人，因此設計了這種不完全圓的窗戶。

除了常照寺，嵯峨野的「祇王寺」也可以看到同樣的吉野窗。遍地苔蘚的境內深處有一間「草庵」，休息房裡的吉野窗別名「虹之窗」，陽光射進來，讓圓窗的紙門映照出繽紛的色彩。祇王寺同樣也是吉野太夫悲戀的舞台之一，這是單純的巧合嗎？

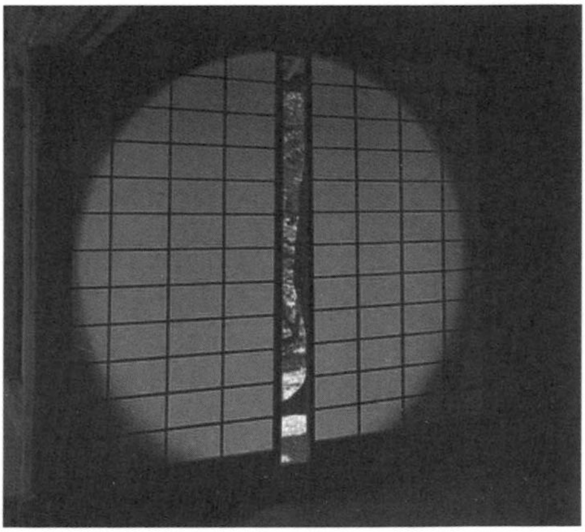
「常照寺」的吉野窗。

常照寺附近的「源光庵」有兩扇廣為人知的窗戶，圓窗與方窗兩相並排，前者是「開悟窗」，後者是「迷惘窗」，也是從我前面提到的佛教思想衍生而來。

我們會說一個人變「圓滑」了，窗形正好體現了這個意思，心中一有迷惘，就容易尖銳起來。

「建仁寺」浴室外牆的「火燈窗」是吉野窗的變形，這是來自中國、以禪宗圖樣為名的窗戶，帶有一種異國情調。據說上方的圓弧表現的是火焰，但也有人當它是花朵，把火燈窗寫成同音的「花頭窗」。

「建仁寺」的花頭窗。

最近「豬目窗」突然熱門了起來。直接望文生義，就知道這種窗的圖案是以豬眼睛為原型，是日本傳統的鏤空樣式，自古以來常常用來鎮壓祝融，會裝飾在武器等地方。豬目顛倒

「源光庵」的「開悟窗」與「迷惘窗」。

來看是心型，因此最近流行附會說豬目可以求姻緣，這個我就覺得太牽強了。

京都南邊有間寺廟可能是看準了網美照效應，他們將窗戶命名為「愛心窗」而吸引了許多人潮，不過正宗的豬目窗應該是別名「竹之寺」的「地藏院」茶室裡的那一種，整體比較飽滿圓潤。寺廟之窗教導了我們，萬事萬物都以求真為上。

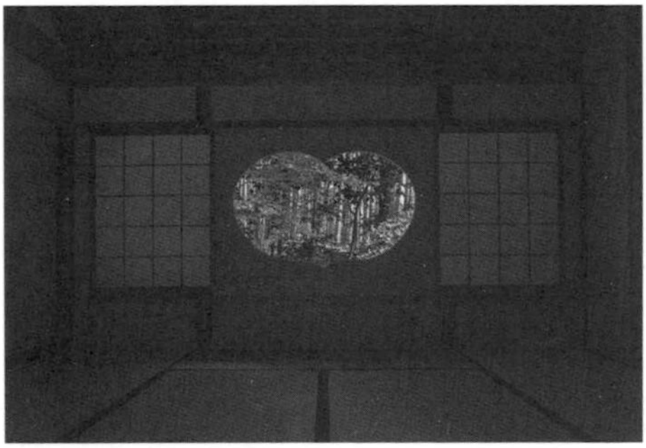

「地藏院」的豬目窗。

祇王寺
京都市右京区嵯峨鳥居本小坂町32
075－861－3574
9時～17時
www.giouji.or.jp

建仁寺
京都市東山区大和大路四条下ル小松町584
075－561－6363
10時～17時
www.kenninji.jp/info/

源光庵
京都府京都市北区鷹峯北鷹峯町47
075－492－1858

地蔵院
京都市西京区山田北ノ町23
075－381－3417
9時～16時30分
takenotera-jizoin.jp/access/

39「東寺」是京都最常見到的寺廟？

先不管有沒有實際上進去參拜，造訪京都的人最常見到的寺廟是哪一間呢？以前我上廣播節目的時候曾出過這個題目，其他來賓給出的答案都不太一樣，他們說的是清水寺或金閣寺這種相當有名的寺廟，不過也可能是我出題的意圖有點難理解吧。

我的答案是「東寺」。聽到答案之後，我想各位就明白我在問什麼了。京都很少高樓大廈，因此東寺境內的「五重塔」特別搶眼。如果是東海道新幹線從西邊來的列車，在即將進京都站的時候可以從車窗看到五重塔。

列車接近京都站的時候會減速，照片可以拍得清晰不晃，也才會進入很多人的眼簾。列車進京都站後，從月台往西南方也會看到五重塔，如果是在京都市的南邊移動，應該時不時都看得到。

東寺的正式名稱是「教王護國寺」，由於平安京時期建在羅城門的東側，因此有了東寺的稱呼。當時西側還有「西寺」，但因故廢寺後，就只剩下東邊的東寺存在。東寺歷史悠久，據說是七九四年平安京建都後兩年創建的，二十七年後託付給了弘法大師空海。每月二十一日是「弘法市」的好日子，許多參拜客和觀光客都會蜂擁而至。弘法市的暱稱是「弘法桑」，甚至有人直接把東寺叫作「弘法桑」，可見京都人與東寺之間有多緊密。

登錄為世界文化遺產的東寺有許多可看之處，除了高五十五公尺、被指定為國寶的五重塔之外，還有同樣是國寶的「金堂」和重要文化財「講堂」，而我個人推薦的是分散在境內三處的小神堂。

第一間是位於講堂北側，分建東西兩間的「夜叉神堂」。夜叉神是印度神話中的一種鬼神，雌雄成對。鎮守東邊神堂的是雄夜叉「本地文殊菩薩」，西方神堂是雌夜叉「本地虛空藏菩薩」。祂們被供奉在黑暗的神堂裡，仔細凝神就會看到祂們神奇的面貌，夜叉神本來放在南大門的左右兩側，據說要是不參拜直接走過去會遭到懲罰。

聽說這兩尊神像是弘法大師空海親自雕刻的，在這裡就能近距離看到如此珍貴的東西。據說夜叉神可以消除牙痛，在堂前埋下白豆祈禱，牙痛就會痊癒。商店裡貼有夜叉神像的照片，還有賣含木糖醇的汽水糖，想要買有點搞怪的伴手禮不妨考慮看看。

我推薦的第二間是緊鄰御影堂西側的「大黑堂」。因緣際會，「三面大黑天」成了我的人生守護神，祂就安置在大黑堂裡。據說秀吉隨身攜帶的佛像「三面大黑天」是大黑天、辯才天、毘沙門天三神合體，我與比叡山延曆寺的大黑堂有些緣分，後來就信仰了三面大黑天，我來東寺的時候一定會去參拜大黑堂。

京都的高台寺和圓德寺也供奉三面大黑天，兩間寺廟與秀吉的淵源之深，可見一斑。

第三個推薦的是「毘沙門堂」，這裡供奉三面大黑天之一的毘沙門天，位於國寶「大師堂」的南邊。毘沙門堂有銅板製的歇山屋頂，原本是為了供奉羅城門樓上安置的「兜跋毘沙門天像」，才在文政六年（一八六三）創建的。

京都有一個「參拜京都七福神」的習俗，東寺的毘沙門天就是七福神之一，正月裡總會湧入許多參拜客。四天王之一的武神毘沙門天，也是帶來好運的福神。

毘沙門天像又名多聞天像，祂守護北方，身穿甲胄，右手舉寶塔，左手持金剛棒。

雖然也不只是東寺如此，不過有五重塔這種象徵性的建築物，我們很容易會看不到其他東西，這樣真的太可惜了。試著張大眼睛，仔細觀察每一個角落吧。

東寺
京都市南区九条町1番地
075－691－3325
toji.or.jp/smp/access/

「毘沙門堂」

「夜叉神堂」

「大黑堂」

40　西賀茂散步

旅遊書、雜誌和電視節目等各種媒體感覺都已經把京都的方方面面介紹完了，京都市似乎也沒有什麼地方能稱為私房景點。不過媒體最常提出的要求，還是希望我介紹私房景點。

餐廳店家、神社寺廟與美景等等，這些景點基本上不是用找的，而是要用不期而遇的，因此我不會搶先衝去新開幕的店，也不會專程為了尋找私房景點而走遍大街小巷。

相對地，只要一有時間我就會上街散步，我會不斷在京都市區地毯式地趴趴走。我在報章雜誌上介紹的店家和寺廟幾乎都是透過這個方式發現的。

我不是特地上街找美食，而是偶然在散步途中不期而遇，我與這種店的緣分通常都會持續更久，本書介紹的「八條口燕 en」(P.74) 和「殿田食堂」(P.70) 就是典型的例子。我長期固定在某間飯店進行寫作，在飯店附近散步時遇到的，都不是時下那種熱門餐廳。寺廟和神社也一樣，幸神社和東寺裡面的神堂都是我散步中撞見的，它們沒有什麼知名度，也不怕會人擠人，參拜時可以非常自在。

我長期以京都市北區為我的根據地，但是西賀茂宛如真空地帶，我不曾走訪西賀茂的大街小巷。那裡一直在進行住宅地的開發，看到以前是農地或空地的地方，蓋起了一棟一棟的華廈與家屋，我就一直提不起勁走過去。

「神光院」是這件事的轉機。我在調查大田垣蓮月（一七九一～一八七五）的時候，久違造訪了與蓮月有淵源的神光院，順道也去附近散散步，途中就意外撞見了一些寺廟神社、風景與店家，後來也常常有機會去探索西賀茂了。我們就從神光院開始，漫遊西賀茂吧。

去西賀茂搭市營公車滿方便的，雖然路線繁多，不過搭上開往「西賀茂車庫」的車就絕對不會有錯。而且因為是終點站，所以不用擔心會坐過站，西賀茂車庫下車走路不到十分鐘，就會抵達神光院的山門。

神光院、東寺、仁和寺並列京都三弘法，神光院暱稱「西賀茂弘法」，走在饒富情調的石板路參道上，來到山門前時，會看到一座「厄除弘法大師道」的大石塔，旁邊一行小字「歌人蓮月尼隱棲地」。

古代上賀茂神社的神職人員接收到了神諭，要他們在靈光普照的大地上建造廟宇，因此才創建了這間「神光院」。

據說建造時間是一二一七年，所以已經有八百年的歷史了，而且聽說祭神的雕像是弘法大師親自雕刻。神光院可以求眼疾痊癒、消災解厄，是京都人的重要信仰，這裡最熱鬧的時間是盛夏舉辦的除厄祭儀「黃瓜加持」。

這項祭儀活動從弘法大師將疾病封印在黃瓜中、祈求疾病痊癒開始，據說把姓名和年齡寫在黃瓜上，誦唸後拿去埋進土中或放水流，疾病就會痊癒。

走進山門，左手邊有一間茶室「蓮月庵」，蓮月是歌人，也是活躍的陶藝家，更是知名的慈善家，曾慷

因黃瓜加持而聞名的「神光院」。

慨解囊為鴨川蓋了丸太町橋，這裡是她度過晚年的地方。

蓮月的人生和神光院都還有很多可寫之處，不過我們先繼續西賀茂的漫步行程吧。神光院的西邊不遠處就是「大將軍神社」，京都有四間神社是在祭拜來自中國的大將軍，他們都是鎮守四方的武神，北方是我現在說的這一間，西方是一條通的「大將軍八神社」，東方是東山三條的「大將軍神社」，南方是「藤森神社」的攝社「大將軍社」。

大將軍神社秋季會舉行例行祭典，在莊嚴的儀式結束後，拜殿中會有兩位神司打太鼓，邊跳邊唸著「點點喀、喀，嘿咻」，做出一決勝負的動作，卜問收成情況，祈禱一年豐收。據說大將軍神社還能保佑傳承順利，在境內三處有朱紅色矮圍籬的地方祈禱，傳承交接就會一帆風順。

參拜完神光院和大將軍神社後，剛好可以到「Patisserie 菓欒」買伴手禮，小塊的起司蛋糕「西賀茂起司」是他們的招牌。想買和菓子的話推薦去「霜月」，乾菓子「琥珀」是他們的招牌。這兩項點心的最大特色，就是別的地方都買不到。

神光院
京都市北区西賀茂神光院町12
075－491－4375
6時30分～17時

Patisserie 菓欒
（パティスリー菓欒）
京都市北区西賀茂坊ノ後町15
075－495－0094
10時～18時
星期二、不定期公休
www.patisserie-karan.jp

大將軍神社
京都市北区西賀茂角社町129

41 小野篁穿梭的陰陽交界處

京都是隨便算算就超過一千兩百年歷史的古都，因此這裡流傳著各式各樣的傳說，雖然傳說未必全都屬實，不過如果有遺跡留下，的確會讓人感覺好像真的發生過。常見的一種情況是，人物本身實際存在，但他的軼事僅止於傳說，或者都是虛構的，小野篁就是一個具有代表性的例子。

他生於延曆二十一年（八〇二），卒於八五三年二月三日，享年五十一歲。他身為朝廷公卿，骨子裡卻極為叛逆，因此得到了「野狂」的稱號，可想而知他應該是匹脫韁野馬。另一方面，他擅長漢詩，甚至能與白居易相提並論，他又是歌人，《百人一首》[35]中也收錄了他的作品。

「廣袤海無垠，划槳向島群，漁夫之釣船，為我告京城。」

這是百人一首的第十一首，滿普遍的一首和歌。

註 35：從一百個代表性的歌人中，每人各選一首和歌收錄的和歌集。

「願淚如雨下，潮漲水漫漫，湍流舟不渡，伊人速速返。」

這首和歌收錄在《古今和歌集》，他期盼水位高漲的地方就是黃泉。這首和歌寫愛人亡故，希望自己的眼淚能流入黃泉，使水勢漲高，讓愛人不必過河，回到人世間。

大家都知道黃泉就是在陰陽交界處的河川，不過既然連陰間是否存在於現實之中都不確定了，也不可能有人見過黃泉。如果是其他的歌人，這裡的黃泉可能是想像中的世界，但既然是小野篁寫的，也許真的是他實際上看過的景象，畢竟他日日夜夜都在陰陽兩界來去。

據傳他白天是朝廷的官吏，在陽間工作，入夜就會去陰間，在地獄的閻魔大王身邊輔佐審判，除了《今昔物語集》之外，幾個民間傳說都有收錄這個故事，現在的京都也還能找到一些蛛絲馬跡。

從清水寺走松原通往西，過了東大路通會看到叫「六道珍皇寺」的寺廟，聽說小野篁是從廟裡挖的井前

傳說中小野篁是從六道珍皇寺前往地獄的。

往地獄的。

這個傳說中的井如今依然存在，實物看起來確實有種特殊的磁場，感覺很神奇。也因此六道珍皇寺被視為陰陽交界處，寺廟旁邊也立了一座石碑寫著「六道之辻」明示這一點。六道是佛教用語，指的是地獄道、餓鬼道、畜生道、修羅道、人道、天道等六個道途。佛教認為眾生都有因果報應，死後會在這六道輪迴轉世，而六道之辻就是這六道的交叉路口。

這一帶現在已經是很有情調的地方了，以前是通往墓地「鳥邊野」的一條路，據說清水寺往北一點就是鳥邊野，屍體都會被送來這裡。在瘟疫大流行或發生大火之後，送葬的隊伍排得很長，人潮相當擁擠，直接在這一帶就棄屍而去的情況也不在少數，從這附近的町名「轆轤町」可以略知一二。

由於屍橫遍野，頭骨隨處可見，因此以前取名為「骷髏町」，不過叫骷髏太不吉利了，才會改用字形類似的「轆轤町」。不只是民間傳說如此，在現實中，這裡也是陰陽交界處。而從六道珍皇寺的井前往陰間的小野篁，回程時並不會原路折返。陰間似乎位於京都的地底深處，並且往西延伸，因此小野篁從陰間回來陽間的井是在嵯峨的「福正寺」境內。福正寺的地點在「化野」，化野與鳥邊野同樣是墓地，後來福正寺搬遷到清涼寺，現在這附近也立有「六道之辻」的石碑。這是從陰間回到陽間的地方，因此稱為「生之六道」。

從事這種工作的小野篁起心動念想淨化陽間，於是他向閻魔大王討教，學會了「迎精靈」的法事。迎精靈指的是透過塔婆[36]重新迎接過世的祖先回到陽間，後來這也成為盂蘭盆會的祭儀活動了。小野篁為了進行法會，開創了根本道場「引接寺」，引接寺通稱「千本閻魔堂」。他們的祭神是閻魔法王，據傳開基時由小野篁雕刻的雕像已經佚失，現存的是第二代。境內的紫式部佛壇也是一個看點。紫式部和小野篁好像是個很意外的組合，不過其實他們的墓地很近，就在堀川北大路附近。京都充滿了不可思議的事呢。

六道珍皇寺
京都市東山区大和大路通
四条下ル4丁目小松町595
075－561－4129
9時～16時
12月28日～31日公休
www.rokudou.jp

千本閻魔堂引接寺
京都市上京区千本通蘆山寺上ル
閻魔前町34番地
075－462－3332
http://yenmado.blogspot.com/?m=1

註36：追悼祖先使用的細長木板，板上通常會寫經文或法名。

42 二十五間洛陽天滿宮巡禮

如果弘法大師的好日子二十一日是弘法之日，菅原道真（八四五～九〇三）的好日子二十五日就是天神之日，京都人在街角巧遇時會有以下的對話。

「你要出門啊？」

「我想去看看天神。」

「對喔，今天是二十五日呢，我也過去好了。」

「那要一起去嗎？我想買個盆栽。」

又說到二十五日，又說到天神，指的就是「北野天滿宮」舉辦的「天神市」。疫情爆發後，市集已經變成不定期舉辦，不過在疫情以前會有很多攤販擺攤，從古董到日用品，食物到盆栽，應有盡有什麼都賣。

如果不是二十五日的話，他們的對話內容會變成什麼呢？

「你要出門啊？」
「我想去看看天神。」
「哪邊的天神？」
「我想去烏丸的天神。」
對話內容變了，如果不是二十五日，「天神」指的是天滿宮，但不知道是京都眾多天滿宮中的哪一間。
同一個「天神」，在不同情境中指涉的是不同對象，而京都人之間有自己的默契，很自然能理解是在說什麼。另外一個詞也有同樣的情況，就是「祇園」。日常中說的「祇園」指的是祇園這一帶的地名，不過祇園祭期間的「祇園」指的就是祇園祭，因此會有類似上述的對話內容。
現在話題回到「天神」，你知道京都市有幾間天滿宮是市民會暱稱「天神」的嗎？大部分的觀光客可能只會想到北野天滿宮，不過如果算上小型的神社，京都市大概有將近五十間天滿宮。
天滿宮祭拜的是人稱「學問之神」的道真公，而且現在都在說學無止盡，因此不只是考生，所有人都會想來參拜。近年也說拜天滿宮可以防止失智症，我年紀大了就覺得更該去拜了。

京都有一個習俗叫作「二十五間洛陽天滿宮巡禮」，就是從眾多的天滿宮中選出二十五間參拜。道真公死後八百五十年，有人從眾多天滿宮中選出與他淵源最深的二十五間，其中特別重要的三間名為「御靈地三社」。

不妨就從這三間的巡禮，開啟天神的巡禮之旅吧。二十五間中的第一間是「菅大臣天滿宮」，神社位於佛光寺通和新町通路口往西走的那一帶。

為什麼第一間不是最有名的北野天滿宮而是這裡呢？因為據說這裡是道真公宅邸，是他老家的遺址，也可以說是誕生地。傳說接生他時，使用的是境內還留存的「天滿宮誕浴之井」的熱水。

「東風送清香，吾家梅花開，主人固已去，莫忘春天來。」

道真公被貶到太宰府後寫的梅花據說也在這裡，代表這是神木「飛梅」的起源地。北野天滿宮與他的淵源這麼深厚，卻很少看到觀光客來訪，請各位務必來參拜。

御靈地三社的第二間就是編號第九的北野天滿宮，這是人盡皆知全京都最有名的天神。這間天神大家應該都很熟了，旅遊書上也介紹得很詳細，我就略過不提。

第三間「水火天滿宮」可能沒什麼人知道，水火天滿宮現在位於堀川通和紫明通路口附近，原本是在一條通的西陣下松，據說是日本第一間天滿宮。因為是日本第一間，因此列入了御靈地三社之一。境內有供奉「登天石」這塊岩石，傳說中以前道真公的怨靈作祟時，讓鴨川水量暴增，經過延曆寺僧人的祈禱，水位終於下降，並出現了這塊岩石。

日本第一間天神「水火天滿宮」。

憤憤不平時作祟，眼看要發生災難時又收手，或許真的是道真公的怨靈在感嘆自己時運不濟吧，京都會有那麼多天神也是這個緣故。

一千兩百年歷史的古都京都並不總是光鮮亮麗，這裡發生過很多次浴血之戰，將人逼入絕境的悲劇也一再重演。

悲傷不會消失，流傳至今，大部分都變成了悲劇的故事。

菅大臣天満宮
京都市下京区仏光寺通新町西入
菅大臣町
075－351－6389
無公休

水火天満宮
京都市上京区堀川通上御靈前上
ル扇町722－10（堀川通寺ノ
内上ル）
075－451－5057
suikatenmangu.com

北野天満宮
京都市上京区馬喰町北野天満宮
社務所
075－461－0005
kitanotenmangu.or.jp

43 在洛北大原懷想平家的悲劇

不管在什麼時代，在巨大的悲慟中抬頭挺胸活下去的，似乎都是女性，《平家物語》記錄的悲劇女主角建禮門院德子就是其中之一。

年輕朋友可能不知道，有一個時期常常能聽到〈有個女人〉這首歌，歌曲主題是一位獨自在京都旅遊的女性，開頭就是：「京都大原三千院，有個女人愛得好累。」

這是在東京奧運的隔年寫的歌，用現在的話來說，它應該是在地歌謠的先驅。大原的「三千院」、栂尾的「高山寺」和嵐山的「大覺寺」這三間寺廟都有出現在歌詞中，遠離市區的這三間寺廟多虧這首歌，參拜者猛地增加了。

安靜的歌曲開頭出現了三千院，三千院的不遠之處有間「寂光院」，這就是悲劇的舞台，主角是建禮門院德子。德子是平清盛的女兒、高倉天皇的皇后、安德天皇的生母。生活富裕的德子成為悲劇女主角的開端，是壇之浦之戰。

所謂盛極必衰，高倉天皇和平清盛相繼離世後，德子受到木曾義仲的攻擊離開了京城，她與安德天皇又在壇之浦遭到源氏的攻擊，安德天皇投水後，德子也跟著跳水，沒想到造化弄人的是，源氏救了她一命。

受到其恥大辱的德子回到京都，那段日子的生活，應該很適合用如坐針氈來形容吧。德子下定決心出家，進入了「寂光院」。

德子後來的事蹟在《平家物語》的最終卷「大原御幸」中有詳盡的描述，講的是建禮門院德子的公公，後白河法皇來造訪大原的故事。

德子不懂後白河法皇突然來訪的用意何在，過去兩人曾是公公與媳婦，在宮中同樣過著揮金如土的生活，如今她已經家道中落，在樸素的庵中生活。兩人對坐下來，德子說起了「六道」。

她生來就是平清盛的女兒，又是天皇的母親，任何事都能隨心所欲，這是天上界。在筑前國大宰府被緒方惟榮討伐，還沒有片刻喘息的時間，平清經就投水了，這是人間界。在海上從早到晚的生活是餓鬼道，平家許多人在一之谷之戰中戰死是修羅道，在壇之浦之戰中失去一切是地獄道，接著就是畜牲道，德子確實把六道都走了一遭。

德子和法皇都曾經極盡榮華富貴，如今立場徹底改變的兩個人，正對坐在閑靜的庵中房間談話。時間轉眼就過去了，會面結束，後白河法皇依依不捨離開，德子目送他離去時，已經淚流成河。真是令人不勝唏噓的故事。

「大原御幸」之後，即使到了盛夏，德子依然緊閉心門，大原里民於心不忍，醃漬了當地名產紅紫蘇葉獻給她，希望能稍微撫平她的悲傷。

醃漬過的紅紫蘇葉是紫色的，讓人聯想到京城，里民一定是希望德子能找回過去的驕傲才獻上這個東西的吧？他們的體貼深深感動了德子，她將醃漬物取名為「醃漬紫葉」，要里民將它當作大原的名產，這就是現在「柴醃漬」的原型。

真正的款待就該是這樣吧，單純端出澎湃的山珍海味不叫款待，體貼對方、彼此心靈相通才是真正的款待。

想購買柴醃漬的話，我推薦「里之站大原」，大原里民醃漬的柴醃漬滋味簡單，而且會沁入你的心脾。

除了寂光院和三千院，大原之里還有許多推薦的寺廟，在里山散步欣賞風景也足以放鬆心情。

到大原散完步如果要吃午餐，開在里之站大原附近的「野村山莊」會是很適合的選擇，這間山莊氣派到連續劇都來拍過外景，美味的午餐可以在這樣的屋子裡享用。

在欣賞遼闊庭園的同時享用高檔的和食午餐，菜色以山味與老闆手打的蕎麥為主。鬥雞與香魚也是他們的招牌，有不少粉絲都是慕名而來。稍微離開市區，到大原之里散步，然後一邊遙想平家的歷史一邊享用午餐，想必會咀嚼出很多層次的味道吧。

在「野村山莊」欣賞遼闊的庭園享用午餐，是大原的特色行程。

三千院
京都市左京区大原
来迎院町540
075-744-2531
9時~17時
(11月8時30分~17時、12月~
2月9時~16時30分)
無公休
www.sanzenin.or.jp

里之站大原
京都市左京区大原
野村町1012番地
075-744-4321
當季蔬菜市場(產地直送直銷)
9時~16時30分
花紫(花むらさき,餐廳)
9時~16時
※只有星期日營業7時30分~
16時
星期日交流早市
(日曜ふれあい朝市)
星期日早上6時~9時
www.satonoeki-ohara.com/
hanamurasaki/

寂光院
京都市左京区大原草生町676
075-744-3341
3月1日~11月30日
9時~17時
12月1日~12月31日
9時~16時30分
1月1日~1月3日
10時~16時
1月4日~2月28日(29日)
9時~16時30分
www.jakkoin.jp

野村山莊(野むら山荘)
京都市左京区大原野村町236
075-744-3456
12時~15時
17時30分~21時

44 嵐電一日遊

京都人都很熟悉「嵐電」這個名稱，不過正確來說是「京福電器鐵道嵐山本線」，這是連結四條大宮站與嵐山站的路面電車。除了嵐山本線之外，還有一條連接北野白梅町站和帷子之辻站的北野線，兩條路線合稱嵐電。

雖然從四條大宮站搭嵐電到嵐山站就需要花二十分鐘以上了，不過像江之電一樣在狹窄的軌道上行駛的電車真的很有情調。雖然路線短，可是中途停靠十一個站，光是認識每站的站名都很愉快，更重要的是沿線有許多魅力不為人知的神社寺廟、觀光景點與美食，沿線走走逛逛，也會是一趟樂趣無窮的旅程。

沿著鐵路前行不但不會迷路，走累了還可以搭上嵐電縮短路程，所有適合散步的條件都齊全了。出發前不妨先買好「嵐電一日暢遊票」，除了當天可以無限搭乘嵐山本線與北野線，還附贈嵐山站的足湯優惠、神社寺廟參觀費折扣與免費抽籤等許多的好康。

我會由東往西，一路介紹嵐電沿線的推薦景點。第一站是「蠶之社」站，這是生難字詞的站名之一，蠶之社的本名是「木島坐天照御魂神社」。

《續日本紀》的大寶元年，西元七〇一年四月的項目中，記載了這個神社的名稱，可見這是從奈良時代以前就存在的古老神社。雖然目前只剩下遺址了，不過神社有一方池水名為「元糺之池」，池中建了一個有三根柱子的鳥居，相當引人矚目。它叫作「三柱鳥居」，是京都三奇鳥居之一，設計成三根柱子的目的眾說紛紜，原因成謎。還有一說，認為元糺之池以前舉辦過「浸足神事[37]」，而蠶之社是下鴨神社的前身。

名刹「廣隆寺」正前方是「太秦廣隆寺」站，太秦是這一帶的地名，過去由秦氏統治這個地區，廣隆寺原本也是秦氏的家廟，名為「秦公寺」。去廣隆寺絕對不能錯過「靈寶殿」，殿中藏有日本課本常見的「彌勒菩薩半跏思惟像」。

彌勒菩薩半跏思惟像有兩尊，一尊放在靈寶殿的中央，也是出現在課本上的那一尊，俗稱「寶冠彌勒」。佛像右手輕輕來到臉頰旁，表情陷入沉思，相當美麗。

另外一尊彌勒菩薩半跏思惟像也收藏在靈寶殿，名為「泣彌勒」。泣彌勒的動作

註 37：下鴨神社的祭典活動，讓參拜者在御手洗池的清水中浸泡腳並獻燈，去除污穢，祈求平安健康。

與寶冠彌勒相同，不過眼神與嘴角看起來像是在哭泣，因此得到了這個稱呼。

下一站的站名也是生難字詞，是「帷子之辻」站。篤信佛教的檀林皇后（七八六～八五〇）在遺言中吩咐，希望死後不要安葬，可以直接曝屍荒野，她的屍骸腐化後只有殘破的經帷子（壽衣）留下，也是這個地名的由來。從車站往南走會看到「蛇塚古墳」。京都市有古墳，而且是在住宅區正中央，這種情況相當少見，推薦一定要來看看這個遺跡。

下一站是「有栖川」站，再下一站的「車折神社」站也是生難字詞呢。據說後嵯峨天皇（一二二〇～一二七二）某次遊覽嵐山，到了這個地方的時候有一台牛車的車前木斷裂無法前行，因此叫「車折」。

這是很不祥的徵兆，後嵯峨天皇敬天畏神，將門前右側的石頭取名為「車折石」，並賦予了「正一位車折大明神」的神號，才會有這間「車折神社」。

行駛在狹窄軌道上，饒富情調的嵐電。

下一站是「鹿王院」，鹿王院與金閣寺同樣是足利義滿（一三五八～一四〇八）創建的寺廟，站名直接從寺名取用。傳聞要在這裡建造鹿王院的時候，出現了很多的白鹿，因此取了這個名字。金閣寺的正式名稱是「鹿苑寺」，義滿的法名是「鹿苑院殿」，對照這兩間名字有「鹿」的寺廟來看也滿有意思的。

鹿王院的山門前有一條向內延伸的石板路參道，初夏時是綠色楓葉，秋天有變紅的楓葉形成一條長長的隧道，景色之美，推薦各位一定要去參拜。

最後的終點站就是大家都認識的嵐山站，「天龍寺」很靠近車站，也是嵯峨野散步的起點。渡月橋曾經因為訪日觀光客而擁擠不堪，連步行都有困難，現在因為疫情而稍微回歸了寧靜。嵯峨野的竹林也是，有些時候根本人影稀疏，雖然這樣說對伴手禮店很抱歉，但我希望暫時能先維持現狀。

木島坐天照御魂神社（蠶之社）
京都市右京区太秦森ケ東町50
075－861－2074

廣隆寺
京都市右京区太秦蜂岡町32
9時～17時
參觀結束時間12月～2月底是16時30分，只有元旦是10時～16時30分

天龍寺
京都市右京区嵯峨天龍寺芒ノ馬場町68
075－881－1235
庭園8時30分～17時30分（10月21日～3月20日到17時）
北門9時～17時（10月21日～3月20日到16時30分）
www.tenryuji.com/about/

45 漫步「京都御苑」

京都之所以叫京都，是因為首都長期設定在這裡，這個都市的意義遠遠不只是縣市制度而已，從根本上來說，京都與東京都和大阪都的改制計畫是不同的。

定都代表一國之君要居住在此，最明顯的表徵就是依然現存的「京都御所」。京都御所、大宮御所和京都仙洞御所都位於「京都御苑」，對天皇一直不陌生的京都人也直接稱呼整個京都御苑為「御所」。

「我今天早上去御所散步了，空氣真不錯，很舒服。」

京都人這樣說，代表他是去京都御苑散步了，絕對不是在京都御所裡面散步。京都御所可以申請入內參觀沒錯，但是去那裡散步形同向老天借膽。

不過京都御苑中除了御所之內與京都迎賓館，其他區域二十四小時隨時都能自由進出走動，所以京都御苑與鴨川同樣是京都人的綠洲。

京都御苑裡綠意盎然，從梅花到櫻花、新綠到紅葉，自然風景美不勝收。而且處處設有長椅和休息處，洗手間也不斷在建置中，相當適合散步。

這裡有很多可觀之處，但是我最想推薦的是「建禮門」南邊的三間神社與一棟宅邸。穿過「出水小川」往北走，右手邊深處會看到「白雲神社」的鳥居，神社北側豎了一個「西園寺邸跡」的立牌，這裡以前是西園寺家的宅邸。這間白雲神社是西園寺家的土地神社，供奉妙音辯才天，因此又稱為「御所的辯天」。

白雲神社原本位於金閣寺附近，西園寺家是琵琶演奏的名門世家，別墅建在北山，名為「北山第」，也建了土地神社辯天堂，經過一段時間後，才搬遷到現址。順帶一提，後來足利義滿接管了北山第，並建立了金閣寺。可以想見，如果白雲神社與西園寺家都留在原地，或許就不會建造金閣寺了吧。

走出白雲神社原路折返，看到一片茂密的赤松，就知道來到「宗像神社」了。

西園寺家的土地神社「白雲神社」。

宗像神社是藤原冬嗣家的土地神社，他在「藥子之變（平城太上天皇之變）」中扮演很重要的角色，他擋住了謀求將首都遷回奈良的政變，因此這是與平安京的恩人有淵源的神社。

宗像神社供奉從「宗像大社」分神的「宗像三女神」，境內種了有點稀奇的樹。這個稀奇的樹就是本殿對面的大葉冬青，大葉冬青日文寫作「多羅葉」，據說可以在葉背寫經文，或者燒葉作占卜。這也是「葉書（明信片）」的語源，因此被指定為「郵局之樹」，在東京的中央郵局前也有種植。

第三間神社是「九條邸跡」九條池中的「嚴島神社」，雖然規模很小，但從名字來看就知道它是從廣島的嚴島神社分神而來的，來頭並不小。平清盛（一一一八～一一八一）為了母親祇園女御，在兵庫築島建立了這間神社，到了後世，九條道前（一七四六～一七七〇）把神社遷入了宅內。到這裡絕對不能錯過石鳥居，由花崗岩製造，島木和笠木採用唐破風[38]形式，因此又稱為破風形鳥居，模樣罕見，名列京都三奇鳥居之一。

九條池上的「高倉橋」是明治十五年（一八八二）推出的「天皇行幸計畫」中的一環，

註 38：笠木和島木是鳥居最上方的兩根橫木，島木緊貼在笠木之下，唐破風的特色在於，笠木和島木的中間會呈現微微隆起的曲線。

重新利用了秀吉架設的三條大橋、五條大橋的石製橋腳。這是為了天皇蒞臨而搭建的橋樑，從建禮門可以直通這座橋，然後連接到丸太町通上，不過天皇實際上並沒有走過這座橋。

在宗像神社對面，京都御苑的西南角落，有一個「閑院宮邸跡」，這是四親王家之一「閑院宮」的宅邸遺跡。建設當時的建築物很可惜在天明大火中燒毀了，明治十六年（一八八三）重新蓋了回來，忠實復刻了整個建築物與庭園，讓人遙想往日宮家的情景，相當珍貴。

進入閑院宮邸跡的室內，前進到南棟，這個房間特別氣派，天花板上可以看到虹樑與駝峰[39]。木板地房間的紙門外就是庭院，地板倒映出了院子裡的楓葉。這是所謂的「地板綠葉」，就是指初夏磨得晶亮的木地板上倒映出綠意盎然的楓葉，秋天倒映的紅葉叫作「地板紅葉」，這個是我壓箱的私房景點。

京都御苑
京都市上京区京都御苑3
075－211－6348
www.env.go.jp/garden/kyotogyoen/

註 39：虹樑是建築物上的橫木建材，中間呈現微拱的弧線。駝峰日本稱為「蟇股」，是建築的上下梁之間，負責分散重量的建材，後來虹樑和駝峰都漸漸轉為裝飾建築用的材料。

46 參拜鎮魂的神社

京都有很多寺廟與神社，有些是家喻戶曉的神社，如本書介紹過的世界文化遺產上賀茂神社和下鴨神社，有些是少數在地京都人才知道的小眾神社，如果細究街角的小祠、攝社和末社，神社的總數量是數也數不盡的。

想當然每間神社祭拜的神明都不同，從神話中出現的名字很長的神，到菅原道真這種比較熟悉的人物都會是祭拜的對象。每間神社的建立各有起因，為了鎮魂而建造的神社，可能流傳著鎮魂相關的事件與傳說，有時候深究下去，就會找出一個歷史碎片，我接下來會介紹幾間這一類的神社。

「御靈神社」顧名思義就是間鎮魂的神社，位於烏丸鞍馬口附近，這也是應仁之亂爆發的地點。在定都平安京後，為了平息慘死的弟弟早良親王的冤魂，桓武天皇決定祭拜他的亡魂，於是才有了御靈神社。御靈神社後來合祀了六個化作怨靈帶來災難的亡魂，直到現在。

在那個時代，人民相信世間只要有災難，就一定是出於誰的怨念，因此會建造神社鎮魂。而且不只是人類，京都這個地方會祭拜任何帶來災難的魂魄藉此鎮魂，即便是石頭也一樣。

西陣有一間小祠「岩上神社」，小到會讓人錯愕的地步，手水舍上掛著「岩神」的匾額，裡面的祠堂有一顆巨石坐鎮。據說這顆巨石原本在堀川二條附近，而一統天下的德川家康在建造二條城時以擋路為由，將巨石搬遷到岩上通六角通以南那一帶，也就是現在的「中山神社」。接下來，巨石又被搬到中和門院（一五七五～一六三〇）宅邸的池畔。畢竟是一顆很大的石頭，搬過去應該是庭園造景需要吧，沒想到這塊巨石竟然不是普通的石頭。巨石入夜會變成小孩的模樣，喊著想回到原本的地方，一下啜泣，一下惡作劇，許多女官都很忌諱，於是找了熟識的僧侶商量。僧侶說巨石上有怨靈附身，因此帶走巨石，在當地建立「有乳山岩上寺」祭拜石頭。一如寺名所示，這裡信奉哺乳之神，也是很多女性的重要信仰，可惜在天明大火時付之一炬。寺廟付之一炬了，巨石依然存在，到了後世，經熱心人士之手，才給了巨石一間神社。認為一塊石頭也有靈魂，為了鎮住祂還信奉祂為神，這就是京都人的作風。京都有許多神社也可以說是歷史上的必然吧。

烏丸五條附近的小巷子裡有一間很小的祠堂「命婦稻荷社」，旁邊有一口叫「鐵輪社」的井，這個神社流傳一個「丑時參拜」的詛咒儀式。

《鐵輪》是能劇的劇目，因此可能有人已經聽過了，劇中有一個住在這附近的女人，她為了報復捨棄自己、迎娶續絃的丈夫，不惜跋山涉水，每晚都到「貴船神社」進行丑時參拜。另一方面，這個女人的前夫每晚都會做惡夢，於是他找安倍晴明（九二一～一〇〇五）商量，晴明認為原因出在前妻進行的丑時參拜，並告訴他，要是繼續下去，夫妻兩人都會在今晚因為她的詛咒喪命。可想而知，前夫請求晴明，要他無論如何都要救他們一命，晴明無可奈何造訪了前夫家，設置祈禱棚，放上這對夫妻的替身，拚命祈禱，希望替身能代為承受這個詛咒。

沒想到就在此時，有個化為厲鬼的女人頭戴冒火的鐵輪現身，厲鬼滔滔不絕說出自己被拋棄的怨恨，並想要攻擊男人的替身，結果卻被晴明藉助的神力擊退，最後她逃也似地消失了蹤影。據說女鬼落荒而逃後投身鐵輪社，因此這口井很適合斬斷孽緣。井水如今已經乾涸，無法取水，井口蓋上卻放著保特瓶水，可見斷緣井絕對不只是過去的傳說而已。神社這個空間，可以鎮住萬物的魂魄，也可以祈求平安無事，參拜前在手水舍洗淨手口則是為了清除身上的污穢。

手水舍的起源，是崇神天皇（西元前一四八～三十）為了預防瘟疫蔓延而命令神社設置的，如今疫情期間，全日本的神社卻以防疫之名排光了水，讓人無法使用，真的是本末倒置。更別提有些地方在水手盆裡插花，命名為「花水手」了，簡直不可理喻。希望我們都能重新思考一下，參拜神社的意義是什麼。

御靈神社
京都市上京区上御靈前通烏丸東入上御靈竪町495番地
075－441－2260
9時～17時（可能會依季節調整）

命婦稻荷社（命婦稻荷社）
京都市下京区堺町通松原下る鍛冶屋町

岩上神社
京都市上京区浄福寺通上立売大黒町

貴船神社
京都市左京区鞍馬貴船町180
075－741－2016
kifunejinja.jp

47 在京都的庭園哲學一下

我聽幾個人說過，來到京都一定要去庭園巡禮。同樣是庭園，類型其實有很多種，最具代表性的庭園是寺廟裡的日本庭園。西洋風的庭園與日本庭園有很根本性的差異，也就是對稱與否。英式庭園是典型的西洋庭園，從西方的角度來看，左右對稱才是美麗的庭園，而日本庭園別說左右對稱了，有的歪斜有的缺東缺西，呈現不規則形狀，對西方人來說應該很不可思議吧，我常看到外國人緊盯著寺廟的庭園在觀察。欣賞庭園時如果能套用禪宗思想，對庭園的理解就能提升到哲學的境界，據說欣賞庭園是理解日本文化最好的方式。

日本庭園基本上只由砂與石組成，因此是單色調，景觀看起來千篇一律，但是白砂波紋還是會略有不同，這是觀賞枯山水庭園的樂趣之一，每次看著看著都不禁開始思考，為什麼會是這樣的波紋。庭園不只是美觀而已，還能促使人思考，這就是禪寺的日本庭園最大的特色。最具代表的就是「龍安寺」的「石庭」。

世界文化遺產龍安寺創建於寶德二年（一四五〇），隨隨便便就有超過五百五十年的歷史，可惜創建沒多久就在應仁之亂中燒毀了。後來重建的時候，設計出了這個「石庭」。石庭的正式名稱是「方丈庭園」，南北十公尺、東西二十五公尺，長方形，大概是二十五公尺泳池的縮小版。

方丈庭園是典型的枯山水庭園，鋪滿白砂的空間裡放置了十五顆石頭，裡面隱含了許多的謎題。既美麗又神奇的石頭排列，總是讓人百看不膩。

說到底枯山水這種庭園類型的靈感究竟是哪裡來的呢？為什麼只有石頭呢？而且為什麼是十五顆石頭呢？看著看著我心中就冒出了許多的疑問，感覺像是在與庭園進行禪宗的問答呢。

龍安寺還有一個庭園，只是名氣沒有石庭來得高，就算聽到「鏡容池」這三個字，也沒有多少人能馬上說出它的位置，不過據傳「龍安寺庭園」最初指的其實是鏡容池。

廣大的池水周遭開了四季不同色彩的花，花又會倒映在水面上，漫步時可以欣賞花草和池水，這種就是池泉回遊式庭園，這裡不需要思索琢磨，只要放空欣賞就好，走一走就能放鬆心情。方丈庭園帶來的緊張，鏡容池庭園會替你舒緩，感覺兩個庭園是相輔相成的。

兩座庭園的差異在於水。

池泉回遊式庭園不同於不用水的枯山水，特色是隨著季節改變姿態。不過其實方丈庭園可以向外借景，比如說土牆外的枝垂櫻開花了，借景的方丈庭園就會變成春天的景致，要是把借景納入考量，可能就不符合枯山水的定義了。

京都的寺廟常常會刻意把庭園周遭的土牆做低，將遠山的風景借到庭園之中。在東山三十六峰中，比叡山特別穠纖合度，因此常常成為庭園的背景。皚皚山頭雪白了冬天，淺淺的桃色妝點春天，蓊鬱的綠覆蓋夏天，秋天又織出山頭的絳紅錦繡。

京都的寺廟總是能巧妙利用借景藝術，讓我無比讚嘆。而池泉回遊式庭園的庭園本身就會有四季的變

龍安寺的枯山水式「方丈庭園」。

化，池水如鏡，倒映出四季的風景。

想要造池，勢必需要豐富的水資源，從這一點來說，洛東、東山山腳的寺廟比洛西更有利，因為這裡有琵琶湖疏水可用。

東山群峰本來就會儲存雨水，伏流水也很豐沛，引入琵琶湖疏水後，神社寺廟與別墅群的庭園都接用琵琶湖水，打造出精緻的池泉回遊式庭園。舉例來說，「平安神宮」的「神苑」就是代表例子，東、中、西、南神苑四個庭園圍繞著社殿，總面積高達一萬坪。

神苑是出自人稱「植治」的第七代小川治兵衛之手，四季有不同的花綻放，不論什麼時候來訪都能飽覽美景，得到心靈的慰藉。神苑的春櫻也如谷崎潤一郎（一八八六～一九六五）在《細雪》中寫的，「嫵媚的櫻花怒放，春光爛漫」。

京都的庭園有枯山水和池泉回遊式，要怎麼選擇可能會依當下心境而異。想專

池泉回遊式庭園的池水宛如鏡子。

心思考就選前者，什麼都不想思考就選後者，在眾多京都庭園中選擇適合你的，然後盡情享受吧。

龍安寺
京都市右京区龍安寺御陵下町13
075－463－2216
3月1日～11月30日
8時～17時
12月1日～2月底
8時30分～16時30分

48 東西二分的本願寺

京都有東西兩間本願寺，兩間距離京都站都不遠，因此在京都觀光前後有空閒時間都可以來參拜，還滿方便的。至於分成東西的原因，與戰國武將的權力鬥爭關係匪淺，不過就廟方來說，完全就是被牽連了。

本願寺要從親鸞上人（一一七三～一二六三）的圓寂開始，廟宇原先建在東山的大谷，後來經歷過數次的焚燬、重建與搬遷，最終從山科遷到大阪，成為東西分家的導火線。

矢志統一天下的織田信長（一五三四～一五八二）看上了占地廣大的本願寺，蠻橫地要求廟方讓出所有權，廟方想當然是拒絕的，雙方交戰長達十年，史稱「石山合戰」。十年後雙方終於握手言和，本願寺也讓了出去，但是堅持守到最後的廟方圍城派與談和派之間戰火不斷，後來本願寺遷到京都，分裂成兩間。

簡單來說，秀吉繼承了信長的遺志，對秀吉馬首是瞻的一方率先建立了「西本願寺」，後來在德川家康的幫助下建立的是「東本願寺」。

聽了這個簡化版的歷史說明後，我們來比較看看現在這兩間寺廟。

我對宗教不是很熟悉，也完全不懂在佛學上哪一邊屬於什麼宗派，因此我先聲明，我的比較是基於視覺與感官上直接的感受。

不過有一個鐵錚錚的事實是，西本願寺登錄了世界文化遺產，而東本願寺沒有。倒也不是說登不登錄代表了什麼，許多寺廟與神社即便沒有世界文化遺產的頭銜，依然大有可觀，這只是一個參考而已。

我知道這樣講對廟方有點失禮，不過如果沒有時間只能二選一的話，我會推薦去參拜西本願寺。

西本願寺位於ＪＲ京都站中央口的西北方，走十五分鐘，經過一旁的築地牆，進入「御影堂門」就是廣大的境內。

世界文化遺產「西本願寺」。

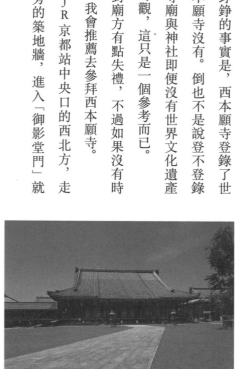

從御影堂門進來，正面看到的是「御影堂」，在平成大整修結束後，御影堂展現出了威風凜凜的模樣。我們先在手水舍洗淨口手，欣賞京都市的天然紀念物「逆銀杏」之後，進入御影堂。

無論從外面看或是進入堂內看，都會被這棟巨大的木造建築壓得喘不過氣來，南北六十二公尺、東西四十八公尺，是日本最大級的木造建築，規模僅次於奈良「東大寺」的大佛殿。

凝神欣賞遼闊的堂內，時間眨眼就過去了，接下來前往有走廊連通的「阿彌陀堂」。連結了兩個寬敞堂宇的走廊其實也有一個小小的看點，因為走廊在整修的時候，使用了「埋木[40]」。在走廊上前進時仔細注意你的腳邊，會看到富士山、葫蘆、梅花、茄子等等小而美的埋木，我想一定是工匠的玩心創造出了這麼精巧的雕工吧。走廊到處都看得到埋木，尋找這種小設計也滿有趣的。

還有一個地方需要仔細看腳邊，就是御影堂前儲存雨水的「用水枡」。水槽四角的基座有天邪鬼搏命支撐，每一隻的表情都很幽默，而且各不相同，兩個用水枡，總共有八隻天邪鬼。

註 40：修補、填補裂痕或縫隙時使用的木片。

還有一個值得一看的地方，來西本願寺不能忘了寺廟西南方的「唐門」。這個唐破風的門是從伏見城移建的，別名「日暮門」，意思是從早到晚百看不厭，天色轉眼就黑了。可惜唐門會一路整修到二〇二二年的春天，目前還無法展露它的美，我們就耐心等待整修結束吧。

西本願寺還有很多可看之處，不過我還是想稍微介紹一下東本願寺。我要講的不是寺廟本身，而是東本願寺的域外地「涉成園」。

從京都站沿著烏丸通往北走，到正面通右轉，走到底就是涉成園，一座遼闊的日本庭園。土地是第三代將軍德川家光捐贈的，再依照石川丈山（一五八三～一六七二）的偏好，設計出了這個涉成園。周圍種有枳樹，因此也稱為「枳殼邸」。

除了人稱涉成園十三景的美景，園內還有風格不太一樣的建築物，讓人聯想到江戶名勝的庭園景觀，遊覽起來真的是不亦樂乎。涉成園不但與《源氏物語》有淵源，又借景京都塔，實在很神奇，請各位一定要來走一趟。

西本願寺（龍谷山本願寺）
京都市下京区堀川通花屋町下る
本願寺門前町
075-371-5181
www.hongwanji.kyoto

涉成園
京都市下京区下珠数屋町通間之
町東入東玉水町
075-371-9210

東本願寺
京都市下京区烏丸通七条上る
075-371-9181

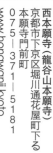

京都，再去幾次都可以！

作　者　柏井壽
譯　者　陳幼雯
封面攝影　dato
封面設計　Rika Su
內文排版　J.J.CHIEN
特約編輯　J.J.CHIEN

原文版製作團隊 ————
裝　幀　長坂勇司 (nagasaka design)
本文デザインＤＴＰ　荒井雅美 (トモエキコウ)
編　集　山下美樹子 (SB クリエイティブ)

OHITORI KARA NO HIMITSU NO KYOTO

出版者　境好出版事業有限公司
總編輯　黃文慧
副總編輯　鍾宜君
行銷企畫　胡雯琳
地　址　一〇四九一台北市中山區復興北路三十八號七樓之二
粉絲團　https://www.facebook.com/JinghaoBOOK
電子信箱　JingHao@jinghaobook.com.tw
電　話　(〇二) 二五一六—六八九二
傳　真　(〇二) 二五一六—六八九一
發　行　采實文化事業股份有限公司
地　址　一〇四五七台北市中山區南京東路二段九十五號九樓
電　話　(〇二) 二五一一—九七九八
傳　真　(〇二) 二五七一—三二九八
法律顧問　第一國際法律事務所余淑杏律師
ＩＳＢＮ　九七八—六二六—七〇八七—六四—〇
定　價　三百八十元
初版一刷　二〇二二年十月

國家圖書館出版品預行編目 (CIP) 資料

京都，再去幾次都可以！ / 柏井壽著；陳幼雯譯 . -- 初版 . -- 臺北市：境好出版事業有限公司出版：采實文化事業股份有限公司發行，2022.10　面；　公分 ISBN 978-626-7087-64-0(平裝) 1.CST: 旅遊 2.CST: 日本京都市　731.75219　111014837